월급쟁이 부자들

월급쟁이 부자들

초판 발행 2014년 4월 1일
30쇄 발행 2017년 9월 26일
개정판 6쇄 발행 2024년 9월 10일

지은이 이명로(상승미소)
펴낸이 유해룡
펴낸곳 (주)스마트북스
출판등록 2010년 3월 5일 | 제2021-000149호
주소 서울시 영등포구 영등포로5길 19, 동아프라임밸리 1007호
편집전화 02)337-7800 | **영업전화** 02)337-7810 | **팩스** 02)337-7811
원고투고 www.smartbooks21.com/about/publication
홈페이지 www.smartbooks21.com

ISBN 979-11-85541-94-5 13320

부자아빠 없는 당신이 진짜부자 되는 법

월급쟁이 부자들

이명로
(상승미소)
지음

나는 1만명에게 부자 되는 법을 배웠다

월급쟁이 부자들은 시작부터 다르다

『월급쟁이 부자들』 초판은 2014년 처음 발간되어 연속 8주 종합 베스트셀러 10위 안에 드는 등 많은 사랑을 받았습니다. 우리 주위의 평범한 작은 부자들이 돈을 어떻게 바라보고, 돈과 관련된 큰 판단과 흐름을 어떻게 잡으며, 돈을 어떻게 모으고 굴리는지에 대한 진솔한 이야기가 큰 공감을 불러일으켰습니다. 독자들의 사랑 덕분에 이렇게 5년 만에 개정판을 내게 되어 기쁘고 감사합니다.

세상이 빠르게 변하고 있기에 이번 개정판은 시대의 변화를 반영하려 노력했습니다. 하지만 부자가 되는 기본 원리는 같기에 책의 핵심은 변하지 않았습니다. 초판의 집필을 위한 인터뷰에 참여하여 자신의 경험담과 노하우를 제공해 준 40대 월급쟁이 부자들을 5년이 지난 지금, 다시 인터뷰하여 변화된 생각을 더 많이 담아냈습니다. 그들은 지난 5년 동안 더 부자가 되어 있었고 생각의 폭이 더 유연해지고 넓어졌음을 느꼈습니다.

지금 아는 것을 20대에 알았더라면

저는 직업상 많은 사람들을 만납니다. 20대부터 60대까지, 아직 다달이 학자금 융자를 갚고 있는 사회 초년생부터 자산이 수십억원, 수백억원인 부자들까지 다양합니다.

그들을 만나 자산을 어떻게 일구어 왔는지에 대한 이야기를 나누고 고민을 함께하면서 많은 것을 배웁니다. 그리고 그들의 이야기에서 많은 공통점을 느끼곤 합니다.

부모에게 큰 도움을 받지 않고, 의사 · 변호사 등 전문직도 아닌데, 자산이 수십억원인 40대 월급쟁이 부자들을 꽤 만나게 됩니다.(월급쟁이가 무슨 부자냐고요? 그렇지 않습니다. 돈 있는 사람은 입을 다무는 법입니다. 우리 생각보다 월급쟁이 부자들이 많습니다.) 맞벌이가 좀 더 많다는 공통점이 있지만 직업 또한 매우 다양합니다.

그런데 이들이 공통적으로 하는 이야기가 있습니다.

"내가 지금 아는 것을 스무 살에 알았더라면."

인생을 살아오면서 뒤늦게 깨달은 점과 노하우를 사회 초년생 때부터 알았더라면 하며 아쉬워 했습니다. 그래서 저는 이 책에서 이들 40대 월급쟁이 부자들의 삶에서 우러나온 경험담과 노하우를 담으려고 했습니다.

재테크는 산수가 아닙니다

우리는 흔히 재테크를 단순히 돈 문제로 생각하는 경향이 있습니다. 하지만 그동안 1만명과 재정상담을 하면서 느낀 것은 한 가정의 경제 문제는 단순히 돈 문제가 아니며 삶에 대한 태도와 가치관, 직업, 부부·부모·자식과의 관계 등이 응축되어 있는 삶의 이야기 그 자체라는 것입니다.

"월급이 세금 제하고 월 230만원인데 월세 내고 나면 60만원도 저축을 못해요. 언제 돈을 모으겠어요?"

"사교육을 안 시킬 수도 없고 노후자금은 꿈도 못 꾸어요."

십수 년을 블로그에 경제에 대한 글을 써왔으며, 경제와 관련된 책을 2권 출간했고, 주식을 비롯한 다양한 투자를 숱하게 해보았지만, 제가 경제에 대한 글을 쓰는 이유는 투자에 성공해서 일확천금을 얻는 것을 쫓기 때문이 아닙니다.

사람들의 재무상황을 들여다보며, 대박 투자로 얼마나 많이 벌었는지가 아니라 땀 흘려 번 돈을 얼마나 잘 지키고 현명하게 굴렸는지에 따라 명암이 갈린다는 것을 알게 되었습니다. 그래서 그동안 1만 명이 넘는 사람들을 만나며 느낀 생생한 경제적 삶에 대한 이야기를 꼭 한번 제대로 써 보고 싶었습니다.

월급쟁이 부자들의 로드맵

흔히 월급쟁이 부자들은 가계부를 꼼꼼히 쓸 것이라고 생각합니다. 하지만 실제로 40대 월급쟁이 부자들을 만나보면 가계부를 쓰는 이들이 생각보다 많지 않습니다. 우리는 천원을 아끼기 위해 할인쿠폰을 챙기고, 만원을 더 싸게 사기 위해 1시간씩 인터넷을 뒤지며, 내가 절약하며 재테크에 발을 디뎠다고 뿌듯해 합니다.

물론 천원의 절약이 중요하지 않다는 이야기가 절대 아닙니다. 그런데 그런 분들이 정작 가정경제, 또는 1인 가구라면 자신의 경제의 로드맵을 잘못 그려 오히려 수백, 수천만원, 심지어 수억원을 잃거나 기회를 놓치는 경우를 자주 보기 때문에 드리는 말씀입니다.

월급쟁이 부자들의 시원한 해결책

그동안 우리 사회에서는 통장관리, 주식투자, 부동산투자, 절약법 등에 대한 책은 많이 출간되었지만, 정작 우리가 실제로 경제적 삶을 꾸려가면서 마주치는 정말 중요한 경제적 문제에 대한 이야기를 터놓고 이야기하는 책은 없었습니다.

우리들 또한 '뭐 어떻게 되겠지' 하는 마음으로, 또는 중요하지만 민감하고 어려운 이야기이기에 외면해 왔습니다. 바로 이 '민감한' 문제가 천원짜리 할인쿠폰보다 우리의 경제적 미래를 훨씬 크게 좌우하는데도 말입니다. 저는 바로 이런 경제적 삶의 이야기를 이 책에 담고자 했습니다.

『월급쟁이 부자들』은 시작부터 다른 부자되는 마인드세팅을 먼저 이야기합니다. 부자가 되는 데 가장 중요한 것은 바로 마음가짐이기 때문입니다. 제대로 된 관점으로 차근차근 실천하면 월급쟁이 부자는 반드시 가능합니다. 또한 살아가면서 겪는 각종 경제적인 문제에 대한 생생한 고민과 월급쟁이 부자들의 시원한 해결책도 담았습니다.

진짜부자로 가는 가장 빠른 길

"앞으로 과연 달라질까요? 저는 미래가 달라질 거라고 생각 안해요."

28세 미혼 여성 직장인의 이 말을 참으로 가슴 아프게 들은 기억이 있습니다. 바로 이 말이 이 책을 써야겠다고 마음을 먹은 가장 큰 동기였습니다.

제가 만난 1만명 중 부를 일군 사람들은 대체로 자기 일에서 성공한 사람들이었습니다. 사업으로 성공한 사람도 결국 직업적 성공을 바탕으로 일어섰으며, 엄청난 고액 연봉을 받는 사람도 결국은 직업에서 성공한 사람들이지요. 우리 사회의 진짜부자는 자신의 일에서 성공한 사람들이며, 그것이 부자로 가는 가장 빠른 길이었던 것입니다. 또는 자기가 관심을 둔 한 가지를 제대로 파는 사람들이었습니다. 육아를 위해 경력단절녀가 되어야 했던 한 분은 오랫동안 경제 글을 쓰고 투자를 해온 제가 봐도 인상 깊은 투자 식견을 가지고 있었습니다. 10년 전 투자를 처음 시작할 때 어린애들이 있으니 새벽 4시 반에 일어나 경제공부를 하고 손품, 발품을 팔며 자신만의 노하우를 가지게 되었다고 했습니다. 엑셀과 데이터 분석에 능한 그녀의 분석 차트는 수많은 경제/투자 관련 차트를 봐온 제가 봐도 놀랄 정도의 노력과 창의력이 돋보였습니다. 그녀는 그런 노력을 바탕으로 투자뿐 아니라 재취업에도 성공했습니다. 세상에 공짜없고 노력하는 이에게 문이 열린다는 것을 다시 한번 깨닫는 계기가 되었습니다.

힘내시라고 파이팅을 외쳐 봅니다

이 책은 그동안 제가 만났던 수많은 40대 월급쟁이 부자들의 도움을 통해 만들어졌습니다.

먼저 20, 30대의 미래를 위해 자신의 삶과 노하우를 솔직하게 털어놓아 준 분들에게 진심 어린 감사를 드립니다. 저 또한 여러분에게 정말 많은 것을 배웠습니다.

또한 원고를 미리 읽고 많은 질문과 함께 자신들의 고민을 생생한 육성으로 들려준 20, 30대 분들에게도 감사를 드립니다. 저도 대학시절에 매일 아르바이트를 3개씩 하면서 월세와 생활비, 학비를 벌었으며 20, 30대 때의 삶이 참 수월치가 않았습니다. 동변상련을 겪은 사람으로서 지금 오르막을 숨차게 오르고 있는 여러분에게 힘내시라고 파이팅을 외쳐 봅니다.

끝으로 『똑똑한 돈』의 공저자이자 경제 멘토로서 항상 격려해 주시는 나선 님, 2009년부터 10년 동안 같이 해온 미소회 회원 여러분에게도 감사와 함께 사랑을 전하고 싶습니다.

2019년 2월

이명로(상승미소) 드림

차례

2장
월급쟁이 맞춤형 목돈마련 시스템은 따로 있다

3장
가정경제, 월급쟁이 부자들과 터놓고 이야기합시다

4장
월급쟁이 30대가 많이 하는 착각 8가지

5장
월급쟁이 부자는 큰 그림에 강합니다

6장
내가 만난 월급쟁이 부자들의 공통점

7장
월급쟁이 부자들의 조언

월급쟁이 초년생이 많이 하는 착각 7가지

Part 1

01

현재의 10만원과 10년 후의 100만원

시간과 돈의 가치가 동일하다는 착각

"저는 10년 후의 100만원보다 지금의 10만원이 더 중요하다고 생각해요. 10년 후에는 제가 어떻게 되어 있을지도 모르잖아요. 즐거움을 그때까지 미루고 싶지 않아요."

요즘 20대 직장인들을 상담하다 보면 자주 듣는 말입니다. 제가 처음 직장생활을 시작했을 때가 1996년이었으니, 20여 년 전인 그때와 비교하면 저축에 대한 생각이 크게 달라졌다는 것을 느끼곤 합니다.

그런데 20대 때는 그 차이를 잘 모르겠지만, 40대 중후반이 되어 주위를 둘러보면 사는 모습이 확연하게 달라져 있습니다. 이런 결과를 만들어내는 결정적인 단초 중 하나가 바로 20대나 결혼 즈음 젊은 나이에 '가난은 초기에 잡겠다' 또는 '경제적 기반을 일찍 잡겠다'는 태도입니다.

여러분은 돈을 잘 모으고 있나요? 여러분이 결혼하고 싶은 남자친구나 여자친구는 어떤가요? 적게 벌든 많이 벌든 20대에 돈을 어떻게 관리하는지를 보면 그 사람의 40,50대를 미루어 짐작할 수 있습니다.

20대의 1년은 40대의 5년과 같습니다

기본적으로 저축은 미래를 위해 현재의 소비를 참는 것입니다. 현재의 즐거움을 참고 희생하는 것을 좋아할 사람은 없겠지요? 그런데 지금 당장은 매월 10만원씩 저축하는 것보다 그 돈을 쓰면서 느끼는 즐거움이 좋겠지만, 1년 후 120만원이 모이면 그 돈으로 더 큰 경험과 즐거움을 느낄 수 있습니다.

태희 씨의 과감한 선택 | 김태희 씨의 신혼은 여느 친구들보다 훨씬 초라했습니다. 20년 전 당시에도 20평대 아파트 전세에서 신혼을 시작한 친구들이 제법 있었고, 아예 30평대 아파트를 사서 시작한 친구도 있었습니다. 하지만 그녀는 전세 2,300만원으로 방 두 칸짜리 반지하 방에서 신혼을 시작했습니다. 돈이 전혀 없었던 것은 아니었고, 직장생활 7년 동안 모아둔 돈이 몇 천 만원 있었습니다.

태희 씨는 신혼살림을 반지하 방에 차리는 대신에, 결혼 후 3개월 만에 자신이 모은 돈에서 반지하 전세금을 뺀 3,000만원, 남편이 미혼 때 모은 돈 2,000만원, 은행 융자, 부모님께 빌린 돈을 합해 전세를 끼고 목동에 28평 아파트를 샀습니다. 당시는 IMF 외환위기 직후로 아파트 가격이 꽤 내린 시기였습니다.

결과적으로 목동 아파트 가격이 크게 올랐으므로 일찌감치 융자와 전세를 끼고 아파트를 구매한 것은 당시 좋은 재테크 전략이었지요.

공인중개사 아저씨의 말 | 50대 공인중개사 아저씨는 젊은 태희 씨네가 아파트를 사러 온 것이 신기했나 봅니다. 그는 대기업에서 부장으로 근무하다가 1년 전에 그만둔 후 공인중개사 사무실을 열었다고 했습니다.

"목동에 아파트를 사려는 걸 보니, 젊은 사람들이 돈을 많이 모았나 보네. 부모님이 도와주는 건가요?"

"그건 아니에요. 돈이 별로 없어서 신혼집은 반지하 전세에 살기로 했어요. 결혼식이나 예단·예물비용도 줄였고요. 결혼비용으로 800만원도 안 들었어요. 전자제품 몇 개만 새로 사고 웬만한 것은 살면서 차차 마련하려고요. 그래도 신혼여행은 해외 배낭여행을 다녀왔어요. 대신 가진 돈을 탈탈 털어서 전세를 끼고 아파트를 사두려고요."

"젊은 사람들이 기특하네요. 누구나 신혼 때 아파트에서 인테리어도 예쁘게 해서 살고 싶어하는데……. 그것도 괜찮긴 한데, 돈이 별로 없다면 가난은 초장에 잡아야 해요……. '젊을 때 100만원은 늙어서 1,000만원이다'라는 마음으로 살면 40,50대가 되면 돈 걱정 없이 살 수 있을 거예요. 딱 봐도 두 사람은 앞으로 잘 살겠어요."

신혼 초에 널찍한 아파트 전세 등 괜찮은 주거공간을 포기하고 종잣돈을 최대한 마련했던 판단은, 후에 태희 씨네 부부가 돈 걱정 없는 경제적 자유를 남들보다 빨리 얻을 수 있었던 기반이 되었습니다.

부모님의 도움을 받을 수 없고 부부의 경제적 기반도 약하다면, 결혼 초기 몇 년 동안 주거공간을 내가 가진 자산이나 수입의 수준보다 한 단계 낮추어 사는 것도 방법입니다. 주거비용을 줄인 만큼 종잣돈을 확보할 수 있으며 그 돈을 잘 활용하면 불릴 수도 있으니까요.

돈 걱정 없는 40,50대를 위하여 | 50대 공인중개사 아저씨의 장담대로 현재 태희 씨네 부부는 경제적으로 걱정 없이 살고 있습니다. 그녀는 그 아저씨가 해준 말씀을 항상 가슴에 새기며 살아왔다고 합니다.

"젊을 때 100만원은 늙어서 1,000만원이다."

신혼 때는 아파트 융자금과 부모님께 빌린 돈을 갚느라 아등바등 아끼며, 남편과 돼지갈비 3만원어치를 사먹고 집으로 돌아오다가 '일주일치 반찬값인데'라고 생각한 적도 있다고 합니다. 하지만 그런 고생은 결혼 초기 3,4년 정도에 일찌감치 끝났습니다. 그리고 40대 초중반에 이미 노후자금, 아이들 교육자금을 충분히 마련했을 뿐만 아니라 노후에 월세가 따박따박 나올 원룸 건물까지 사놓았다고 합니다.

20대의 1년은 30대의 3년이고, 40대의 5년과 같습니다. 사회 초년생부터 결혼 후 아이를 낳기 전까지 짧게는 3,4년에서 길게는 10년 정도가 수입에 비해 지출이 적어 인생에서 많은 돈을 저축할 수 있는 시기입니다. 힘들더라도 이때 종잣돈을 집중적으로 모은 사람들이 40, 50대에 경제적 안정을 누릴 확률이 높습니다.

지금의 10만원과 10년 후의 100만원 | 앞에서 20대 중 이런 말을 하는 사람들이 많다고 했죠? "저는 10년 후의 100만원보다 현재의 10만원이 더 중요하다고 생각해요. 현재의 즐거움을 그때까지 미루고 싶지 않아요." 그런데 사람들은 지난 시절을 돌이켜보면 무엇을 후회할까요?

30대 남자는 20대를 보낸 후 무엇을 후회할까요?

우리는 인생을 살면서 '공부를 좀 더 할 걸', '저축을 좀 더 할 걸' 등 지나온 과거를 많이 후회하곤 합니다. 그런데 우리가 후회하는 것들을 살펴보면 현재를 즐긴 것들에 대한 것보다, 중요하지만 미루어 왔던 것들에 대한 후회가 훨씬 큽니다.

공부가 가장 중요한 학생 때가 아니라 공부할 시간이 적은 직장인이 되어서야 뒤늦게 후회합니다. 마찬가지로 저축에 대해서도 경제력이 떨어진 나이가 되어서야 돈을 좀더 모아둘 걸 하고 후회합니다. 현재의 행복도 중요하지만, 현재의 즐거움과 편안함에만 집중하다 보면 이처럼 뒤늦은 후회를 하게 되는 것입니다.

내 인생에서 후회되는 일(남자)

MBC 프로그램 '세 바퀴'

순위	10대	20대	30대	40대	50대	60대	70대
1	공부 좀 할 걸	공부 좀 할 걸	공부 좀 할 걸	공부 좀 할 걸	공부 좀 할 걸	공부 좀 할 걸	아내 눈에 눈물나게 한 것
2	엄마에게 대들지 말 걸	엄마 말 좀 잘 들을 걸	돈 모아 집 사 둘 걸	술 어지간히 먹을 걸	겁 없이 돈 날린 것	술 줄이고 건강 챙길 걸	노후자금 모아둘 걸
3	친구와 싸우지 말 걸	그 여자 잡을 걸	그 회사 그냥 다닐 걸	땅 사 둘 걸	아내에게 못할 짓 한 것	아내에게 못할 짓 한 것	배우고 싶었는데…
4	게임 끊을 걸	돈 좀 아껴쓸 걸	그 여자 잡을 걸	그 여자 잡을 걸	인생 대충 산 것	배우고 싶었는데…	애들 공부 더 시킬 걸
5	욕 배우지 말 걸	사고치지 말 걸	아랫사람에게 잘해줄 걸	아내에게 잘못한 것	부모님께 효도할 걸	노는 것 좀 배워 둘 걸	술 줄이고 건강 챙길 걸

02

오늘 달라지지 않으면 내일도 달라지지 않습니다

결혼하면 달라질 것이라는 착각

"내년 봄에 2년 사귄 여자친구와 결혼할 예정이에요. 얼마 전에 프로포즈를 했고 다음 달에 상견례를 하기로 했어요. 저축요? 결혼하면 맞벌이를 할 예정인데 제 연봉이 3,500만원이고 여자친구의 연봉도 비슷해서 세금을 제하고 월 540만원 정도는 될 것 같아요. 결혼하면 그때부터 저축을 본격적으로 하려고요. 결혼 전까지는 지금처럼 즐기며 살고 싶어요."

이런 사람 은근히 많습니다

대기업 계열사에 다니는 김정현 씨(29세)는 결혼 전까지는 현재의 소비 패턴을 유지하고 결혼 후부터 저축을 하겠다고 했습니다. 지금까지는 자기 월급통장에 월 270만원 정도가 찍혔는데, 앞으로 결혼하면 맞벌이로 한 달에 540만원씩 들어온다고 생각하니 돈이 엄청 많아 보일 것입니다.

정현 씨는 결혼하면 지금보다 상황이 2배 정도 나아질 것이라는 기대감에 부풀어 있습니다. 그러니 이제 결혼까지 남은 7개월을 아등바등 저축하느라 스트레스를 받지 않고 남은 미혼생활을 부담 없이 즐기고 싶은 것이지요.

결혼하면 두 명이 버니 돈을 모으는 데도 단순하게 1+1=2의 산수가 적용될 것이라고 생각하는 모양입니다. '맞벌이의 착시 현상'에 빠진 것이죠.

안타깝게도 이런 기대는 대부분 착각에 불과합니다. 우리 사회는 결혼을 하면 명실공히 한 가정을 이룬 성인으로 취급하기 때문에 가족행사, 양가 부모님 용돈 등 지출들이 꽤 많습니다. 게다가 아이를 낳고 나면 지출이 엄청나게 늘어납니다. 결혼 후 맞벌이로 수입이 증가하는 대신에 지출도 더 늘어나기 때문에 예상보다 저축 여력이 크지 않습니다.

무엇보다 정현 씨처럼 결혼하면 달라질 거라는 막연한 생각을 가지고 있다면, 미혼 때의 지출 성향이 이미 습관으로 굳어져 있기 때문에 결혼 후 씀씀이를 갑자기 줄이는 것이 결코 쉽지 않습니다.

이런 사람들도 제법 있습니다 | 20대 중에는 이른바 경제력이 좋은 사람과 결혼하면 자신의 경제적 수준이 높아질 거라는 막연한 기대를 하는 사람들도 제법 있습니다. 그야말로 '막연한 기대'이지요. 그래서 막연히 잘될 거라는 생각으로 저축을 소홀히 합니다.

하지만 나보다 나은 사람을 만날 수 있을 거라는 막연한 기대는 그야말로 기대로 끝날 가능성이 매우 높습니다. 내가 그런 생각을 하는 것처럼 상대인 남자(여자)들도 자기보다 나은 조건의 사람을 만나고 싶어하기 때문입니다. 좋은 사람, 좋은 조건의 배우자를 만나고 싶다면, 내가 먼저 좋은 조건을 갖추어야 하고 좋은 사람이 되어야 합니다.

결혼하고 나서 내 삶이 달라지려면

막연히 결혼 후로 미루지 말고, 지금부터 당장 저축습관을 들이라고 하면, 이런 말을 하는 사람들이 있습니다.

"저는 앞으로 잘될 것 같아요. 항상 생각이 긍정적이기 때문에 기대를 많이 하면서 살고 있거든요. '꿈을 생생하게 꾸면 이룬다'는 말도 있잖아요."

정말 그렇게 될까요? 강의를 할 때 사람들에게 "긍정의 반대말이 무엇일까요?"라고 물어보면 대부분 '비관'이나 '부정'이라고 대답합니다. 그런데 저는 긍정적인 것의 반대말을 '무행동'이라고 생각합니다.

긍정적인 사람은 항상 무언가를 시도하는 특성을 가지고 있습니다. 성적에 대해 긍정적인 사람은 공부를 열심히 하고, 건강에 긍정적인 사람은 매일 좋은 음식을 먹으며 운동을 합니다. 아무 행동도 하지 않으면서 생각만 긍정적으로 하는 것은, 긍정적인 사람이 아니라 무책임한 사람, 허풍쟁이와 다를 바 없습니다.

결혼한 후 달라지기 위해서는 지금부터 당장 달라져야 합니다. 결혼 후 저축을 많이 하려면 지금부터 지출을 줄이고 저축하는 습관을 가져야 합니다. 더 좋은 사람을 배우자로 맞이하고 싶다면 나부터 좋은 사람이 되어야 합니다. 자신의 습관을 먼저 바꾸고 준비해야 결혼 후에도 변화하고 발전할 수 있습니다. 결혼해서 달라지고 싶다고요? 그렇다면 지금 자신을 먼저 바꾸어보세요.

'막연하다'면 지금 목표 하나 정하세요

"생각해본 적 없어요. 결혼해서 맞벌이를 하면 되지 않을까요?" "신혼살림을 차릴 집이요? 결혼하고 싶은 사람은 있지만 아직 구체적으로 진행된 것은 없어서……. 부모님이 좀 도와주고 어떻게 되지 않을까요? 모자라면 대출을 좀 받죠, 뭐. 전세금이 보통 얼마인지 아냐고요? 모르는데요."

"한 달 용돈을 얼마나 쓰느냐고요? 대략 70~90만원쯤 쓰는 것 같은데……. 달마다 쓰는 돈이 달라서 잘 모르겠어요."

막연하게 생각하는 것들입니다. 먼저 여러분의 재무지능을 알아볼까요?

▼ 나의 재무지능은 몇 등급일까요?

	체크 항목	아니다	보통이다	그렇다
1	나는 뚜렷한 재무목표를 가지고 있다.			
2	나는 문자로 결제내역이 날아오면 꼭 확인한다.			
3	나는 지금 1년 정기예금 금리가 어느 정도인지 안다.			

4	나(가정)의 한 달 평균 생활비를 알고 있다.			
5	나(가정)의 한 달 평균 식비를 알고 있다.			
6	은퇴 후 필요한 노후자금을 계산해 본 적이 있다.			
7	만약의 사태를 대비한 비상금 통장이 따로 있다.			
8	최근 1년 안에 나(가정)의 재무설계를 해본 적이 있다.			
9	통장을 사용 목적별로 분리하여 관리한다.			
10	나도 부자가 될 수 있다.			
11	월 소득의 50% 이상을 저축이나 투자를 하고 있다.			
12	쇼핑 목록을 작성하여 꼭 필요한 것만 산다.			
13	노후대비를 위해 연금은 필수라고 생각한다.			
14	비과세, 세금우대 혜택을 알고 있으며 활용하고 있다.			
15	종합자산관리계좌(CMA)를 알고 있다.			
16	경제신문을 자주 읽는다.			
17	한국은행의 기준금리 발표를 챙긴다.			

테스트 결과 | 여러분이 체크한 '그렇다'의 개수를 세어보세요.

- **16개 이상 : 당신은 이미 준비가 끝났습니다**

재무지능이 높네요. 이미 작은 부자가 될 준비를 마친 분입니다. 이 책을 통해 진짜부자의 길로 나아가 보세요.

- **13~15개 : 2% 부족하네요**

재무지능이 평균보다 높은 편이나 어설프게 하고 있는 상태입니다. 이 책으로 초보 재테크 딱지를 떼어 보세요.

- **10~12개 : 재테크 초보**

재무지능은 살아가는 데 꼭 필요합니다. 20년 후를 미리 준비한다는 마음으로 접근해 보세요.

- **10개 미만 : 재테크 왕초보**

너무 낙심하지는 마세요. 이 책의 베타테스터인 40,50대 작은 부자들도 20대 때는 다 들 왕초보였답니다.

20대들은 "재테크를 어떻게 하면 잘할 수 있나요?"라는 질문을 자주 합니다. 그러면 저는 "당신의 재무목표는 무엇인가요?"라고 물어보곤 합니다. 그런데 재테크에 관심이 높은데도 의외로 구체적인 재무목표가 없는 20대들이 제법 많습니다. 막연하게 '어떻게든 되겠지, 나는 잘살게 되겠지, 돈이 많았으면 좋겠다'는 식으로 생각합니다. 하지만 현실은 대단히 구체적인 것입니다. 재무목표가 없다면 지금 당장 재무목표부터 정해 봅시다.

우선 기간과 목표액을 정하세요 | 재무목표를 세우고 종잣돈이나 목돈을 모으는 데 가장 중요한 것은 구체성입니다. 막연히 얼마를 모으겠다는 것이 아니라 기간과 목표액을 정확하게 정해야 합니다.

재무목표를 1년, 3년, 10년으로 정했다고 해보죠. 1년에 종잣돈 1,000만원을 모으는 게 목표라면 매월 85만원을 넣는 1년 만기 적금에 가입하면 됩니다. 3년에 5,000만원이 목표라면 140만원을 3년 만기 적금에 넣어야겠죠. 단, 처음부터 재무목표와 계획 기간을 너무 길게 잡으면 지쳐서 끝까지 가지 못할 확률이 높으니 주의하세요.

다음은 이 책의 베타테스터였던 최현서 씨(25세)가 정한 재무목표입니다. 직장생활 1년차로 연봉이 2,600만원이고 부모님 집에서 살고 있으므로 월세 등의 부담은 없는 상태입니다.

현서 씨는 30대에 결혼할 생각이므로, 다음과 같이 하면 앞으로 6년 후인 31세까지 '결혼자금'을 6,000만원 정도 모을 수 있습니다. 앞

연봉 2,600만원 현서 씨(25세)의 재무목표(3년)

	1순위	2순위	3순위
재무목표 항목	결혼자금	종잣돈 마련	해외여행 자금
3년 후(28세) 목표액	3,000만원	1,000만원	300만원
즉시 행동	월 85만원 적금	월 30만원 (적금 20만원, 적립식 주식펀드 10만원)	월 8만원 적금

으로 5년 동안의 월급 인상분은 모두 종잣돈 마련 통장에 넣는다면, 31세에는 '종잣돈'도 최소한 3,000만원 이상 모으게 될 것입니다.

여러분도 재무목표를 정해보세요. 재무목표는 결혼 및 자녀 여부, 각자의 수입, 가치관에 따라 다양합니다. 다음은 재무목표 항목의 예입니다. 아래의 '재무목표 항목 선택지'에서 몇 가지를 골라 지금 재무목표를 만들어보세요.

재무목표 항목 선택지

* 재무목표를 골라서 아래의 표에 써 보세요.

종잣돈	결혼자금	주택마련자금	자녀교육자금
노후자금	여행비	임대 수익용 부동산	기타

나의 재무목표(　　년)

	1순위	2순위	3순위
재무목표 항목			
년 후(　　세) 목표액	만원	만원	만원
즉시 행동	월　　만원	월　　만원	월　　만원

03

은근히 이런 생각을 하는 사람이 제법 있습니다

한번 금수저는 평생 금수저라는 착각

대기업 3년차인 김상봉 씨(32세) 부부는 외벌이인데도 월급에 비해 생활수준이 상당히 높았습니다. 작년만 해도 해외여행을 2번 다녀왔고 골프도 배우는 중입니다. 처음에 부부를 만나 상담을 할 때 보니 자신들이 한 달에 돈을 얼마나 쓰는지도 잘 모르더군요. 일단 한 달만 가계부를 써보라고 했습니다. 그런 다음에 다시 만나 이야기를 나누기로 했습니다.

그들이 사는 세상 | 한 달 후에 상봉 씨 부부를 다시 만났는데, 가계부를 꼼꼼하게 작성하지는 않았지만 다행히 영수증들은 챙겨 왔더군요. 의복비도 만만찮았고 식비가 130만원이 넘었습니다.

가끔 "4인 가족의 경우 다른 사람들은 식비를 얼마 쓰나요?"라며 물어보는 사람들이 있는데, 식비는 집집마다 다르지만 한창 많이 먹는 중고등학교 남학생이 2명인 4인 가족 중에도 식비가 100만원을 안 넘는 집도 있습니다. 속으로 '아직 아이도 없는데 식비가 왜 이렇게 많이 나오지?' 하며 보았더니 외식을 했습니다. 하루가 멀다 하고 배달음식, 맛집 투어를 다니니 식비가 100만원이 훌쩍 넘는 것이 충분히 이해가 되었습니다.

그러다 보니 저축은 고사하고 월 지출이 소득보다도 많았습니다. 더구나 5,000만원 한도의 마이너스 통장까지 개설하여 이미 반 이상을 사용했습니다. 아직 아이도 없이 둘이 살면서 마이너스 통장까지 개설해 카드를 마구 긁고 살다니 '이건 너무하는구나' 싶었습니다. 당연히 저축에도 관심이 없었지요. 속된 말로 대책이 없이 사는 그들의 삶이 궁금해서 물어보니 이렇게 대답했습니다.

"작년에 장인어른의 논이 개발되어 보상금을 20억원 정도 받았어요. 아내는 외동딸이니 결국 우리가 다 상속받겠죠. 지금도 장모님이 가끔 도와주거든요. 장모님이 얻어 준 40평 아파트 전세에 살고 있는데, 내년에는 아파트도 분양받아 준대요."

상담을 하다 보면 이런 분들을 가끔 만나곤 합니다. 부모님의 재산을 믿고 저축에 대한 고민 없이 살아가는 것입니다. 경제상황이 어려워지면 부모님이 매번 도와주고, 어차피 언젠가는 모두 자신의 재산이 될 것이라고 생각하기에, 미래를 준비하기 위해 아끼고 저축하며 사느라 현재의 즐거움을 희생할 필요가 없다고 생각합니다. 그들은 부모님의 재산을 물려받으면 그 돈이 오랫동안 온전히 유지될 것이라고 생각하는 모양입니다.

20년 전 100억 자산가의 아들들

 제가 옆에서 오래 지켜본 한 가족의 경제사를 들려드릴게요. 아버지가 제 고객입니다. 이 책에 사연을 싣는 것을 허락받았으나 사생활 보호를 위해 이름과 상황은 살짝 바꾸었습니다.

78세인 김지석(가명) 씨는 30대에 공장을 차려서 주로 해외 유명 브랜드의 하청을 받았는데, 한때는 직원이 100명이 넘을 정도로 사업이 번창했습니다. 그런데 20여 년 전 50대 후반에 사업이 예전만 못하자, 앞으로 하청 공장의 미래가 어둡다고 판단했고 노후도 즐기자는 생각이 들어 공장을 팔고 은퇴했습니다. 그때 부동산은 별로 가지고 있지 않았지만, 자산은 요즘으로 치면 100억원이 훌쩍 넘었다고 합니다.

부자가 왜 2대를 못 갔을까요? | 당시 아들 6명 중에서 2명은 이미 결혼을 했고, 다른 아들들도 학교를 졸업하고 다들 고만고만한 직장을 잡았습니다. 김 사장님은 자식들이 결혼할 때 모두 아파트를 한 채씩 사서 주었으니 친구들의 자식들보다 출발이 훨씬 좋았지요. 그런데 김 사장님은 재(財)에 밝지 못해서 돈을 잘 굴리지 못했으며, 자식들은 소득은 적었지만 씀씀이가 컸습니다. 그러다 보니 저축은커녕 생활비도 부족했습니다.

아버지가 주는 손주들 사교육비만 매달 천만원 넘게 들었고 온 가족이 매해 해외여행을 다녔습니다. 와중에 사업을 해보겠다고 돈을 가져간 아들도 있었고요. 아르바이트를 하루에 3개씩 하며 20대를 보냈던 저로서는 '돈을 물 쓰듯이 쓴다는 것이 저런 것이구나' 하는 부러운 생각도 살짝 스치더군요.

그런데 온 가족이 돈을 써대는 세월이 10년이 지나자 자산은 점점 줄어들었습니다. 돈이란 모여 있으면 이처럼 빨대들이 꽂히는 경우가 있습니다. 커다란 물통에 빨대를 꽂고 빨아 먹으면 처음에는 별것 아닌 것처럼 보여도, 빨대의 개수가 늘어나고 시간이 흐르면 결국 물통이 바닥을 보이기 마련입니다.

20년 후인 지금 김 사장님 부부의 노후는 걱정이 없지만 재산은 그리 많이 남지 않았습니다. 그런데 김 사장님은 아직 78세이므로 부인까지 고려하면 노후가 10~20년은 남았다고 봐야 하니, 아들들에게 주는 경제적 지원을 끊거나 줄일 수밖에 없었습니다.

결과적으로 지금 40,50대가 된 자식들은 벌이가 많지 않고, 그나마 아버지가 사준 아파트도 융자가 들어 있는 경우도 있습니다. 이제 5명의 아들들은 자신들의 노후를 걱정해야 할 상황입니다.

나는 남 밑에서는 일 못합니다 | "나는 남 밑에서는 일 못해요." 이런 말을 하는 사람들이 있습니다. 그런데 제가 만난 40,50대 부자들이 한결같이 하는 말이 있습니다.

"'나는 남 밑에서는 일 못한다'는 소리를 쉽게 하는 사람치고 40, 50대에 경제적 자유를 누리는 사람을 못 봤고, 정작 사업에 성공하는 사람을 거의 못 봤다"고요. 김 사장님의 아들들도 마찬가지였습니다.

김 사장님은 한숨을 쉬며 이렇게 말했습니다. "사업을 해서 큰돈을 만져 봤으면 뭐하겠어요? 나는 경제흐름이나 재테크 공부를 안 해서 돈 관리를 제대로 못했어요. 게다가 자식들도 소비습관이 잘못 들어 뒤늦게 고생하는 것을 보면 후회가 많이 되요." 부자가 2대를 못 간 경우입니다.

'부자는 망해도 3년은 간다'는 말의 진실

옛말에 "부자는 망해도 3년을 간다"는 말이 있습니다. 저는 이 말을 부자는 투자를 잘못해서 망하더라도, 그 돈을 모으기까지 인내하고 노력했던 습관이 있기 때문에 버틸 수 있다는 뜻으로 봅니다. 이 말은 스스로 돈을 벌고 아끼고 굴린 자수성가형 부자에게는 맞지만, 부모의 재산을 믿고 분수에 넘치는 생활을 하려는 욕망만 있는 사람에게는 해당되지 않는 말입니다. 이런 사람들은 큰돈을 갑자기 만지면 다루지 못하기에 수중의 돈이 오래가지 못합니다. 그래서 진짜 부자들은 자식에게 경제나 돈 관리 교육을 우리가 생각하는 것보다 훨씬 더 철저하게 시킵니다.

가끔 인터넷에서 '부모님 재산이 30억원'이라는 둥, '우리 아버지 건물이 30억원'이라는 둥 자랑하는 20,30대를 보곤 합니다. 60대 이상 노인 중에서 노후대비가 부족한 분들이 50%를 넘으므로, 이런 가정과 비교하면 꽤 나은 상황이긴 합니다.

그런데 요즘 부모님의 노후가 길어서 보통 30~40년 정도는 됩니다. 돈 있는 부모님들이 살아온 생활수준을 낮추는 것은 쉽지 않을 뿐더러 바람직하지도 않습니다. 오랫동안 일하고 모아왔으니, 노후대비가 충분하다면 좋은 옷과 요리도 즐기고 여행도 자주 다녀야지요.

노인 인구가 많은 나라일수록 금리가 낮을 가능성이 큽니다. 요즘 1억원을 예금에 넣어봤자 한 달에 이자가 고작 20만원 정도에 불과합니다. 방법이 있나요? 원금을 깨서 써야죠. 한마디로 부모님이 30~40년 충분히 쓰고 나면, 그 글을 올린 20대는 60,70대가 되어서야 유산으로 받게 될 터인데 그 가치는 지금보다 훨씬 적을 것입니다.

돈도 눈이 있습니다. 부모님의 돈을 돌같이 볼수록 내 자산이 잘 불어납니다. 돈을 아끼고 모으는 습관을 들이지 않는다면, 부모님에게 받은 재산은 절대 오래가지 않습니다. 그러니 금수저라고 자만하지 마세요. 돈은 사람을 알아봅니다. 부모님께 물려받을 재산이 없더라도 아끼고 모으는 사람에게는 돈이 더 오래 단단하게 붙어 있을 것입니다. 그러니 흙수저라고 지레 좌절하지 마시고요.

04

재테크는 산수가 아닙니다

금리가 낮으니 저축이 손해라는 착각

20개의 적금통장 | 저는 적금통장이 20여 개가 있습니다. 요즘은 인터넷 뱅킹이나 폰 뱅킹이 일상화되어 은행에 갈 일이 많지 않죠. 하지만 저는 은행에 갈 기회가 생기면 적금을 들곤 합니다.

어떤 분은 제가 적금통장이 20여 개라니 '한 달에 몇 천 만원을 적금에 넣나 보다'라고 하시던데, 그렇지는 않습니다.

제가 가진 적금통장의 월 납입액은 5만원부터 50만원까지 매우 다양합니다. 월 5만원을 1년 정기적금에 넣으면 만기에 받는 돈은 60만원이 조금 넘을 뿐입니다. 그런데 저는 금액에 구애받지 않고 통장을 계속 만들고 꾸준히 저축합니다. 그러다 보니 어떤 달에는 적금이 4개나 만기가 된 적도 있습니다.

카페나 블로그에서 자산관리에 대해서 묻는 분들에게 제 적금통장 이야기를 하면 많이 놀라곤 합니다. 제가 왜 거시경제를 공부하고 경제 흐름에 대한 글을 꾸준히 쓰며 다양한 투자방법을 추천하면서도 적금통장을 포기하지 않을까요? 결국 돈을 모으는 가장 좋은 방법은 안 쓰고 모으는 것이며, 또한 종잣돈을 모으는 재미를 느껴본 사람은 그 즐거움을 포기하지 못한다는 것을 알기 때문입니다.

돈 가치가 떨어지는데 무슨 적금이에요

1997년 외환위기는 우리의 경제 및 재테크에 큰 변화를 일으킨 분수령이었습니다. 특히 '노동시장의 유연화'는 우리의 의식에 충격을 주고 큰 변화를 가져왔습니다. 예전에는 취직을 하면 특별한 사유가 없는 한 정년까지 다닐 수 있었지만, 지금은 정리해고·명예퇴직 등이 일상화되고 사오정, 오륙도라는 말이 번졌습니다. 이로 인해 사람들은 하루라도 빨리 더 많은 돈을 모아야 한다는 강박관념을 가지게 되었고 재테크 열풍이 불었습니다.

느리고 꾸준한 저축보다는 조금 위험하더라도 속도를 빨리 낼 수 있는 공격적인 투자를 선호하게 된 것입니다. 상황이 이렇다 보니 저축에 대한 생각도 많이 달라졌습니다. 제가 저축을 강조하면 뒤떨어진 사고로 취급하는 사람들도 있습니다.

재테크는 산수가 아닙니다 | 특히 직장생활을 막 시작한 20대 후반이나 30대 초반을 만나면 이런 현실을 생생하게 실감합니다. 이때 가장 많이 듣는 말은 '현재 가치'에 대한 내용입니다.

"금리가 너무 낮잖아요. 몇 년을 저축하더라도 물가상승률을 감안하면 돈 가치가 확 떨어지잖아요. 월 100만원씩 5년을 저축해서 6,000

만원을 모으면 뭐하나요? 물가가 높아서 돈의 가치가 지금보다 훨씬 떨어질 텐데요. 저축보다는 물가상승률을 넘어설 수 있는 투자를 해야죠."

수학적, 논리적으로만 보면 맞는 말입니다. 그런데 문제는 삶이란 우리가 생각하는 대로만 흘러가지 않으며 논리만으로는 설명할 수 없는 부분이 있다는 것이지요.

SK텔레콤과 은마아파트의 신화를 다시 봅니다

주식투자자들이 신화적 종목으로 자주 이야기하는 것이 바로 SK텔레콤입니다. SK텔레콤의 전신(前身)인 한국이동통신은 1989년에 주당 2만원에 상장되었는데, 2000년쯤 1주 가격이 300만원에 육박해 소액 투자자들은 거래하기 힘들었습니다. 그래서 액면가 5,000원의 주식을 500원짜리 10주로 액면분할을 해 가격을 1/10 수준으로 낮추었습니다. SK텔레콤의 300만원짜리 주식 1주가 30만원짜리 10주로 바뀐 것이지요.

현재 SK텔레콤의 주가는 약 26만원 정도로 액면분할 이전의 가격으로 환산하면 약 100배가 올랐습니다. 1989년 한국이동통신 주식을 1억원어치를 샀다면 30년이 지난 지금은 약 130억원이 되었다는 것이죠.

서울 강남구 대치동 은마아파트도 이와 비슷한 예입니다. 1990년대 중후반에 31평 아파트가 1억원이었는데 2019년 2월에는 16억원이 넘습니다. 이런 사례를 보면 저금리 시대에 저축을 권하는 것이 한심해 보일 수 있습니다. 그런데 잠깐 생각해 볼 것이 있습니다.

1989년에 SK텔레콤의 주식을 주당 2만원에 사서 지금까지 안 팔고 가지고 있는 사람이 몇 명이나 될까요? 또 1990년대 중후반에 은마아파트를 1억원에 사서 20여 년 후 16억원에 판 사람은 몇 명이나 될까요?

아마 SK텔레콤 주식을 2만원에 샀다면 거의 대부분 3만원이 채 되기 전에 팔았을 가능성이 높으며, 은마아파트의 경우도 비슷할 것입니다. 게다가 SK텔레콤 주식을 2만원에 사서 3만원에 팔았다면 수익률이 50%에 달해 기뻐했겠지만, 저는 그 돈이 지금도 남아 있을지 궁금합니다. 안타깝지만 SK텔레콤 주식을 현재 가지고 있는 사람은 요즘 가격으로 치면 200만원 내외, 또는 한때 300만원이 넘었을 때 사서 어쩔 수 없이 가지고 있는 경우가 많을 것입니다.

저도 주식과 펀드에 투자하고 있습니다. 다행히 둘 다 평균 수익률을 웃돌고 있습니다. 하지만 적금과 예금의 중요성을 결코 간과하지 않습니다.

물론 정기예금에 넣은 돈은 그동안 물가가 많이 올라 현재 가치를 고려하면 손해를 본 느낌이 들 때도 있습니다. 하지만 이자율이 낮음에도 불구하고 저축을 꾸준하게 하다 보니, 모은 돈을 함부로 쓰지 않고 가족이나 꿈을 위해 투자하는 데 사용하자는 마음을 가지게 되었고, 그만큼 일해서 모은 돈의 소중함을 알 수 있었습니다.

또한 주식처럼 손해를 볼까 봐 전전긍긍하지 않아도 되었고, 적금이나 예금에 강제로 묶어놓으니 과소비를 하지 않아 모은 돈을 지킬 수 있었습니다. 이런 것들이 돈의 현재 가치보다 더 큰 가치이며 훨씬 큰 행복과 만족감을 줍니다. 돈을 모두 적금이나 예금에만 넣어서도 안 되겠지만, 자산 포트폴리오에서 예금과 적금은 꼭 필요한 항목입니다.

여러분도 해보세요. 한 달에 1만원이든 5만원이든 액수가 중요한 것이 아닙니다. 적금과 예금 통장의 만기를 지켜가는 습관, 그리고 작은 돈이 비교적 큰돈이 되어 돌아오는 기쁨을 통해 재테크의 기초체력을 기를 수 있습니다. 저금리 시대라서 적금이 우습다는 것은 착각입니다.

05

20대 10명 중 3명이 이런 생각을 합니다

앞으로 달라질 것이 없다는 착각

앞에서 소개한 '결혼하면 달라질 것이라는 착각' 원고를 출간 전에 미리 읽은 20대 중에서 이런 말을 하는 사람들이 있었습니다.

"앞으로 달라지긴요? 실수령액이 월 180만원인데 월세 35만원을 내고 나면 145만원이 남아요. 한 달에 60만원도 저축을 못해요. 언제 돈을 모으겠어요? 저는 미래가 달라질 거라는 기대를 안 해요."

이 원고를 미리 읽어본 20대 10명 중 3명꼴로 이와 비슷한 말을 했습니다. 그래서 저는 20대들의 '달라지지 않을 거라는 착각'에 대해 이야기를 나누어보고자 합니다. 평범한 이야기 같지만, 사실 내 미래를 가늠하는 매우 중요한 이야기입니다.

원룸에서의 대화, 그리고 20년 후

권서현 씨(42세) 부부는 결혼할 때 부모님 도움을 받지 않고 돈이 별로 없어서 보증금 3000만원, 월세 15만원의 원룸에서 신혼생

활을 시작했습니다.

어느 날 가까운 친구가 놀러왔습니다. 나이는 같았고, 연봉은 당시 서현 씨가 200만원이 더 많았으며, 부모님의 도움이 없이 최대한 저렴한 반전세에서 신혼을 시작한 것도 같았습니다.

"일단 어서 모아서 원룸에서 벗어나는 게 내 목표야. 그리고 몇 년 바짝 노력해서 1억원을 모은 다음에 내집마련도 하고……. 40대 중반이 되면 부자는 아니라도 돈 걱정은 안 하며 살고 싶어. 결혼할 때 엄마가 없이 시작한다고 걱정했는데 걱정 마시라고, 아금바르게 아끼고 열심히 살아서 절대 가난하게 살지 않겠다고 했거든."

당시 1억원은 지금보다 훨씬 큰돈이었습니다.

"우리 월급으로 언제 1억원을 모으냐? 한 달에 100만원씩 저축해 봤자 1년에 1,200만원이야. 애를 낳으면 돈도 많이 든다던데 1억원을 모으려면 10년, 잘해야 7, 8년은 걸릴 텐데. 답답해, 수익이 확 나는 투자를 하거나 사업을 하거나 무슨 수를 써야지."

20년이 지난 지금 서현 씨는 융자 없이 서울의 30평대 아파트와 작은 월세건물, 금융자산을 합쳐 순자산이 35억원입니다. 큰 부자는 아니라도, 지금도 맞벌이를 하고 있으니 자녀 교육비나 노후걱정은 크게 없지요. 그런데 그 친구는 아직 아파트 융자금을 갚고 있는 중입니다.

20대에는 고만고만해 보입니다

그래도 20대에는 다들 고만고만해 보입니다. 물론 부모님이 부자라서 여유가 많은 친구도 있고, 아르바이트를 하며 학비와 생활비를 벌면서 학자금 대출을 받는 친구도 있지요. 저도 대학 때 아르바이트를 하루에 3개씩 뛰면서 학비와 월세, 생활비를 모두 혼자 해결해야 했습니다.

20년 전인 그 시절에도 대학 때 자가용을 가지고 다니는 친구도 있었고, 결혼할 때 부모님이 서울의 30평대 아파트를 부담없이 사주는 친구도 있었습니다. 기운이 빠지고 상대적 박탈감이 아주 없는 것은 아니었지만, 이른바 준재벌급 이상의 친구들이 없어서인지, 적어도 20,30대에는 차이가 엄청나게 커 보이지는 않았습니다.

그런데 40대가 되어 주위를 둘러보니 사는 모습이 확연히 달라졌습니다. 불과 20년 동안에 자산이 수백억원인 친구도 생겼고, 수십억원인 친구들은 제법 많습니다. 특이하게도 결혼할 때 부모님이 아파트를 사주었다고 해서 40대인 지금, 수십억원의 자산을 모은 것은 아니더군요. 출발이 좀더 수월했던 것은 사실이지만, 여유로운 출발과 40대인 현재의 경제상황이 비례하는 것은 아니었습니다. 그런데 지금의 20대가 40대가 되었을 때, 경세적 안정을 얼마나 이룰지에 대해 하나만은 확실히 말씀드릴 수 있습니다.

당신의 20년 후 경제 수준을 맞춰 볼까요

1976년 미국 프린스턴대학교의 연구팀은 17,18세 학생 1만2,000명을 대상으로 설문조사를 했습니다. 여러분의 20년 후가 궁금한가요?

그러면 여러분도 한 번 해보세요.

퀴즈 당신의 인생에서 경제적 성공이 얼마나 중요하다고 생각하나요?

매우 중요하다	중요하다	별로 중요하지 않다	전혀 중요하지 않다

매우 중요하다: 4점 | 중요하다: 3점 | 별로 중요하지 않다: 2점 | 전혀 중요하지 않다: 1점

여러분은 어디에 체크했나요? 연구팀은 약 20년 후인 1995년에 이제는 40대를 목전에 둔 그들을 추적 조사했습니다. 그런데 놀랍게도 '경제적 성공'에 대한 중요성 점수가 1점 높을수록 연소득이 약 1만 4,000달러나 높았습니다. 전업주부도 점수가 1점씩 높아질수록 가계의 연소득이 1만2,000달러 이상 더 높았습니다.

단지 돈과 경제적 성공에 대한 태도만으로도 이처럼 놀라운 차이가 생기는 것입니다. 이로써 우리는 비슷한 연봉을 받던 서현 씨와 그 친구가 20년 후에 자산이 왜 그렇게 차이가 크게 나는지 알 수 있습니다.

종잣돈 7,400만원을 모은 27세 정태 씨의 말 | 직장생활 2년차인 박정태 씨(27세)는 벌써 종잣돈을 7,400만원이나 모았습니다. 직장생활도 짧은데 돈을 어떻게 이렇게 많이 모았는지 물어보았더니, 수능이 끝나자마자 아르바이트를 시작해서 대학 때도 계속 했다고

하더군요.

"돈은 있다가도 없고 없다가도 있는 것이라고들 하지만, 저는 '있게 만들면 항상 주머니에 생기는 게 돈'이라고 생각해요."

한 가지 확실한 것은, 저는 20,30대에 "돈이 뭐가 중요해. 아등바등 살 필요 없어"라고 말한 사람치고 20년 후에 경제적 안정을 이룬 경우를 본 적이 없습니다. 그때 호기롭게 이 말을 하던 사람들은 40대 이후에 뒤늦게 그들의 삶에서 돈이 정말 중요해지고, 어쩔 수 없이 매일 돈 생각을 하며 살 수밖에 없게 되지요. 그러므로 한 살이라도 젊을 때 돈에 대한 태도를 바꾸는 것이 중요합니다.

프린스턴대학교의 연구결과가 보여주듯, 경제적 성공에 대한 태도의 차이가 20년 후 우리 삶의 모습을 바꾸니까요.

06

미래는 알고 가는 것이 아니라 믿고 가는 것입니다

돈만 모으면 된다는 착각

매월 60만원을 미래에 투자하는 익현 씨

"제 아들 익현이 한번만 만나주세요. 저축하는 금액이 월급에 비해 너무 작아요. 몇 번을 이야기해도 도대체 말을 듣지 않네요. 주말마다 지방으로 여행 다니며 돈 낭비, 시간 낭비를 하는 것 같아 속상합니다."

익현 씨 어머니는 아들이 앞으로 결혼도 하고 아이도 낳아야 하는데, 저축액이 적은 게 못마땅한 모양입니다. 부모로서 도와줄 형편이 안 되니 아들이 저축이라도 많이 해서 앞가림을 해나가길 바라는데 그게 안 되는 것 같아 많이 속상한 듯했습니다. 그를 만나 이야기를 들어보았습니다(친한 사이라 말도 편하게 합니다).

"어머니는 저축을 잘 안하다고 걱정이 많더라고요. 요즘 저축 얼마나 하고 있나요?"

"매달 80만원씩 하고 있어요."

"80만원? 우와, 저축 많이 하고 있는데 어머니는 왜 걱정하시는 거죠? 혹시 지금 받는 월급이 얼마예요?"

"통장에 찍히는 돈이 230만원입니다."

"혹시 나머지 돈은 어떻게 쓰는지 물어봐도 될까요?"

"제 꿈이 여행작가인 거 알고 계시죠? 여행작가라면 사진도 직접 찍는 게 좋을 것 같아서 요즘 사진 수업을 듣고 있어요. 실습도 할 겸 시간 나는 대로 지방을 다니며 사진을 찍습니다. 어머니는 그게 맘에 안 드시나봐요. 하도 말씀하셔서 얼마 전에 내가 꿈을 위해 얼마나 쓰는지 계산해보니 월평균 60만원 정도더라고요. 어머니가 너무 성화니 저축을 더 늘려야 하는 것 아닌지 고민하고 있어요."

"월급 230만원 중에서 저축에 80만원, 꿈을 이루기 위해 투자하는데 60만원 쓰는 거잖아요. 엄청 잘하고 있는 거예요. 엄밀히 말하면 80만원이 아니라 140만원을 저축하는 거라고 할 수 있어요. 그런 모습이 정말 보기 좋은데요. 차근차근 꿈을 이루기 위해 준비하면 좋을 듯해요. 미래는 알고 가는 것이 아니라 믿고 가는 것이니까요."

부모님의 시각으로 보면 작가라는 직업이 '돈이 안 되는 일'입니다. 가능하면 다른 사람들처럼 평범하게 살았으면 하는 바람도 바닥에 깔려 있겠지요. 더군다나 자녀에게 도움을 줄 수 없는 상황이 미안해서 더더욱 저축에 힘쓰기를 바라겠죠.

하지만 제 생각은 다릅니다. 익현 씨는 지금 분명 제대로 길을 가고 있습니다. 단순히 좋아하는 일을 하는 것보다 꿈과 목표를 위해 계획하고 준비하는 모습이 성장에 큰 힘이 될 것입니다. 투자는 결과를 알고 하는 것이 아니라 미래를 믿고 가는 것입니다. 그렇게 미래를 꿈꾸며 차분히 걸어간다면 미래를 스스로 만들어갈 수도 있을 것입니다.

"정말 고맙습니다. 어머니가 자꾸 뭐라고 하니 짜증도 나고, 내심 이렇게 하는 게 맞는지 고민이 많았거든요. 그런데 '미래를 알고 가는 것이 아니라 믿고 간다'는 말씀에 힘이 나네요."

익현 씨와 얘기하면서 참 기뻤습니다. 차근차근 자신의 미래를 믿고 준비하는 건강한 청년 익현 씨는 언젠가 꼭 자신의 꿈을 이루고 성공할 거란 생각이 들었습니다.

적금으로 대학에 진학한 용호 씨

"이번에 적금 만기가 돌아와요. 이 돈을 어떻게 할까요?"

용호 씨가 적금이 만기가 된다며 조언을 구했습니다. 그는 1990년생으로 공고를 졸업하고 군대를 제대하고 취업한 후 지금까지 쭉 다니고 있습니다.

"용호 씨, 전부터 궁금한 거라서 용기 내어 물어봅니다. 대학 생각은 아예 없나요?"

"한때는 고민한 적도 있지만, 굳이 그럴 필요 있을까요? 지금 다니는 회사가 외국계 회사라서 급여도 나쁘지 않고요."

"당장 불편하지 않으니 그렇게 생각할 수도 있겠네요. 하지만 시간이 흐른 후에 회사에서 진급 대상자를 정할 때, 같은 기준이라면 고졸자와 대졸자 중에 우선권을 누구에게 줄까요?"

"아무래도 대졸이 좀 더 유리하겠죠."

"맞아요. 그럴 가능성이 높아요. 만약 나중에 그런 일을 겪는다면 한 살이라도 어릴 때 좀 더 공부할 걸 하며 후회하지 않을까요?"

그는 현재 방송대에 진학해 공부하고 있습니다. 무엇보다 아버지가 가장 기뻐하고 여자친구도 많이 응원해준다고 합니다.

대학 공부를 한다고 더 잘된다는 보장도 없는데, 그 돈을 따로 저축하는 게 더 낫지 않겠냐고 생각할 수도 있습니다. 맞습니다. 저 역시 보장이 있어 대학 진학을 추천한 건 아닙니다. 다만 대학 공부를 통해 다양한 사람을 만날 수 있고, 학위 취득을 위해 노력하는 과정 속에서 한 단계 더 성장할 것이라고 믿었기 때문입니다. 직장인인 그에겐 시험공부도, 주말에 시간을 내어 수업을 듣는 것도 매우 힘들고 귀찮은 일일 것입니다. 그럼에도 그 경험이 반드시 도움이 될 것이라 믿습니다. 미래를 어떻게 준비하느냐에 따라 결과도 다를 테니까요.

07

절박한 청년의 메일을 공개합니다

부자가 되고 싶다는 청년에게

한 청년에게 메일을 받았습니다. 그의 메일을 읽고 느낀 절실함을 생생하게 전달하기 위해 메일의 일부를 허락받고 공개합니다.

저는 집안형편이 좋지 않아 대학 진학을 포기했습니다. 지금 군 복무 중으로 전역이 몇 달 남지 않았는데, 가난을 많이 겪었기에 부자의 꿈을 가지고 있습니다. 그러기 위해서는 경제에 그만큼 관심이 있어야겠죠.

일단 틈틈이 경제기사와 경제상식·재테크 책을 꾸준히 읽고 있는데 이것은 기본일 것이라고 생각합니다. 이외에 좀더 구체적이고 세세한 방법이 있으면 몇 가지 알려주세요. 이제 복무기간이 얼마 남지 않았는데 그동안 준비할 수 있는 게 무엇이 있을까요?

긴 글을 읽고 나자 간절한 마음이 와닿았고, 오죽 답답하면 안면도 없는 저에게 메일을 썼을까 싶었지요. 그에게 보낸 메일입니다.

안녕하세요, OO님,

가정형편이 어려우니, 앞으로 부자가 되고 싶은 마음은 충분히 공감이 갑니다.

저도 대학을 아르바이트로 학비와 생활비를 벌며 다녔고, 그래서 그 시절에 못 해본 것이 많았습니다. 돈이 너무 없어 미팅도 못 해보고, 친구들과 어울려 당구도 못 치면서 언젠가는 나도 부자가 될 것이라고 생각하며 하루하루를 버티면서 생활했습니다.

그 시절을 보내고 이제 40대가 되었습니다. 제가 원했던 만큼은 아니지만 나름대로 경제적 기반도 닦았고, 앞으로 더 나은 환경을 만들 수 있을 것이라 생각하고 있습니다.

그런데 제가 지금까지 이룬 자산에서 재테크로 달성한 것은 일부분입니다. 대부분은 일을 해서 번 돈이지요. 저는 직업에서 성공하기 위해 치열하게 살아왔고 더 잘하기 위해 많은 책을 읽었고 그것을 블로그 등에 표현하기 위해 노력했습니다. 결국 그것이 차곡차곡 쌓여 현재의 저를 만들어왔으며, 앞으로도 인생의 밑거름이 될 것이라고 기대하고 있습니다.

제가 만나는 사람들은 경제력의 편차가 꽤 큽니다. 취업하자마자 학자금 대출을 갚아야 하는 사회 초년생부터 자산이 수십억원인 사람들은 꽤 많고 수백억원인 사람들도 있습니다.

제가 만난 부자들의 가장 큰 공통점을 찾아본 적이 있는데, 바로 나이가 많다는 것이더군요. 물론 가뭄에 콩 나듯, 젊은 30대에도 부자가 있긴 합니다. 부모를 잘 만난 경우이거나 어린 나이에 특출한 재능이나 사업으로 성공한 경우이지요. 그러나 30대 부자는 매우 드뭅니다.

저는 부자들을 만나면 어떻게 경제적으로 성공했는지 물어보곤 합니다. 저도 그 방법을 배워서 부자가 되는 데 도움을 받고 싶어서였습니다.

그런데 40,50대 부자의 경우 몇 명 빼곤 대부분 직업적으로 성공한 사람들이었습니다. 사업을 해서 성공한 사람도 결국 직업적 성공을 바탕으로 일어섰으며, 엄청난 고액 연봉을 받는 사람도 결국은 직업에서 성공한 것입니다. 우리 사회의 진짜부자는 결국 자신의 일에서 성공한 사람들이며, 그것이 부자로 가는 가장 빠른 길입니다.

제가 경제에 대해서 글을 쓰고, 자산관리에 대해서 항상 고민하는 것은 부자가 되기 위해서가 아닙니다. 저도 주식을 비롯한 다양한 투자를 숱하게 많이 해보았지만, 결과적으로 현재의 자산을 놓고 보면 재테크로 번 돈의 비중은 그리 크지 않습니다. 물론 한두 번 성공해서 큰돈을 벌어본 적도 있지만, 손실을 입어서 허사로 돌아간 적도 있습니다. 그렇기에 힘들게 번 돈을 가지고 재테크에 나섰다가 함부로 날려버린 안타까운 기억에 더욱 열심히 공부하는 것입니다.

OO님, 정말 부자가 되고 싶다면 먼저 어떤 직업을 가져야 할지 고민한 후 그 직업에서 원하는 인재상으로 자신을 계발했으면 합니다. 그것이 영어일 수도 있고, 입시공부일 수도 있고, 세상의 흐름일 수도 있습니다. 그런 감각을 위해 나에게 어떤 것이 필요한지 진지하게 고민하는 시간을 아끼지 마세요.

내가 무엇을 잘할 수 있는지 진지하게 고민해보았으면 합니다. 재테크로는 큰돈을 벌 수 있는 가능성도 적고, 번다고 해도 지키는 것 역시 쉽지 않습니다. 나의 몸값을 높이면 결국 직업에서 큰돈이 나오게 됩니다.

OO님은 이렇게 메일을 보낸 것을 보면 일단 가장 중요한 성실성과 적극성은 가지고 있는 것 같습니다. 그런 성실성을 바탕으로 자신의 실력을 기르는 일에 집중했으면 합니다. 저는 그것이 OO님이 원하는 경제적 성공에 더 빠르게 가는 방법이라고 생각합니다.

저는 동생이 없습니다. 만약 친동생이 있어서 이 청년처럼 물었더라도 당연히 지금처럼 대답했을 것입니다. 저는 그리 대단한 사람은 아니지만 원한다면 기꺼이 그의 멘토가 되겠다고 약속했습니다.

많은 사람들이 부자가 되고 싶어합니다. 자본주의에서 돈이 많으면 삶이 편해지고 꿈이 커지며 행복할 가능성도 더 높으니 열심히 부자가 되려고 노력하는 것은 당연하지요. 그런데 많은 사람들이 부자가 되기 위해서 재테크를 열심히 하려고 합니다. 그것이 더 쉽고 빠른 방법이라고 생각하기 때문입니다. 하지만 제가 생각하기에 부자가 되는 가장 빠르고 오래가는 좋은 방법은 결국 직업에서의 성공입니다. 한두 번의 베팅이나 운으로 큰돈을 버는 대박을 꿈꾸는 것보다, 직업으로 성공하면 그로 인한 대가가 오랫동안 꾸준하게 나오기 때문입니다.

1만명이 넘는 사람들과 재정상담을 하며 삶에 대한 이야기를 나누어온 제가 한 가지는 확실하게 말씀드릴 수 있는데, 한 가지 일을 20년 이상 꾸준히 한 사람치고 경제적으로 힘든 경우를 거의 보지 못했습니다. 여러분도 저 청년과 비슷한 고민을 하고 있다면 자신의 미래 직업은 무엇일지, 어떤 모습으로 일할 것인지 꿈꾸어보길 바랍니다.

월급쟁이 맞춤형 목돈마련 시스템은 따로 있다

Part 2

01

부자가 되려면 은행을 떠나라고요?

종잣돈 모을 때는 버티면 이깁니다

만약 제가 직장생활의 처음으로 되돌아간다면 종잣돈 마련에 최우선 목표를 둘 것입니다. 그리고 목표한 종잣돈이 마련되기 전에는 절대 투자에 나서지 않을 것입니다. 3년 또는 5년 종잣돈을 만드는 데에는 인내가 필요하므로 이후 투자를 훨씬 보수적으로 하게 되며, 원금에서 손실을 볼 위험이 적어지고 투자의 성공 가능성도 높아지기 때문입니다.

만기까지 유지만 해도 목돈은 무조건 만들어집니다

종잣돈을 모으는 과정은 재테크의 기초체력을 기르는 것입니다. 아무리 좋은 금융상품을 선택하더라도 만기까지 유지하지 못하면 그 상품의 고유한 장점을 살릴 수 없습니다. 또 중도에 해지하면 이자나 수익에서 손해를 볼 뿐만 아니라 목표했던 종잣돈을 모으기도 어렵습니다.

종잣돈을 모으는 과정은 지루하게 느껴지는 경우가 많습니다. 주식이나 펀드를 하면 짧은 시간에 큰돈을 벌 수 있을 것 같은데, 종잣돈을 모으는 과정은 더디게만 느껴지죠.

"이렇게 모으다가 언제 남들처럼 큰돈을 만질 수 있을까요?"

주식이나 펀드 수익률이 한창 오를 때는 이런 말을 듣기도 합니다.

"젊은 사람이 재테크를 왜 그렇게 하냐? 펀드도 모르냐?"

하지만 종잣돈을 모으는 과정을 지루함이 아니라 꾸준함으로 받아들여야 합니다. 열심히 일해서 번 돈을 한 달 두 달 모으다 보면 어느 순간 재미를 느끼게 됩니다. 이자나 수익이 크지 않더라도 내가 경제적으로 성장하고 있다는 생각이 들어 뿌듯해집니다. 이것이 바로 돈 모으는 재미입니다. 통장에 돈이 차곡차곡 쌓여가는 것을 보는 재미는 주식 등을 통해 불리는 재미 못지않습니다.

제가 만났던 40,50대 부자들의 자산형성 과정을 분석해보면, 대부분 한 번 가입한 상품을 중도에 해지하는 경우가 거의 없습니다. 금융상품을 제대로 고르고 만기까지 유지하는 기초체력만 잘 갖춘다면 재테크의 절반은 성공한 것입니다.

2000년대 중반 주식과 펀드 수익률이 한창 높을 때 '부자가 되려면 은행을 떠나라'라는 말이 유행했습니다. 그런데 주변을 보면 이런 경우가 자주 있습니다.

"남친과는 4년 사귄 사이예요. 올해 가을에 결혼하기로 했는데, 얼마 전에 남친이 그동안 모아둔 5,000만원 중에서 무려 4,000만원을 주식투자로 날렸다는 걸 알게 되었어요. 저는 모아둔 돈이 3,500

만원이거든요. 둘이 합치고 융자를 조금 받으면 변두리 작은 연립 보증금은 되겠다고 생각했는데, 앞이 캄캄하고 너무 속상해서 집에 와서 눈이 퉁퉁 붓도록 울었어요. 고민을 많이 하다가 남친에게 다시는 주식에 손을 대지 않겠다는 약속을 받고, 둘이 다시 결혼자금을 모아 2년 후에 결혼하기로 했어요."

종잣돈이나 목표가 뚜렷한 목돈을 모을 때는 은행의 적금이나 예금을 이용하는 것이 좋습니다. 적어도 원금을 까먹거나 이자가 예상보다 줄어들 위험은 없으니까요. 은행이 1년에 예금이자를 2.5% 준다고 하면 1년 후 2.5%가 나옵니다. 이자를 1%만큼 줄 리도 없고 3%를 줄 리는 더더욱 없습니다.

2년 후 전세보증금이 오를 때를 대비해서 2,500만원을 모으기로 목표를 세웠을 경우, 은행에서 월 100만원씩 적금을 넣으면 2년 후에는 반드시 2,500만원 정도가 됩니다. 그런데 적립식 펀드를 이용할 경우, 수익률이 오른다면 다행이지만 막상 환매하려고 보니 수익률이 −60%라면 앞이 캄캄해집니다. 재무상담을 해보면 결혼자금, 전세보증금, 내집마련 자금 등 가까운 시기에 필요한 돈을 수익률 욕심 때문에 주식이나 펀드로 굴리다가 고생하는 사람들을 많이 봅니다.

물론 은행의 예적금 금리가 만족할 만큼 높지는 않습니다. 최근에는 그마저도 더 낮아져서 예금을 들 때에 금리를 보면 한숨이 나온다는 사람들도 자주 봅니다. 그럼에도 불구하고 리스크 없이 정해진 기간에 계획한 만큼 종잣돈이나 목표자금을 만들 수 있는 최적의 금융회사는 바로 은행입니다.

돈에 이름표를 붙이세요

김소담 씨(37세)의 통장 이름표들. 아파트 융자금을 다 갚은 소담 씨는 노후자금 통장과 주말집 구입 등의 통장을 가지고 있습니다.

돈은 발이 달린 동물과도 같아서 들어오는 순간부터 항상 나가려고 준비를 합니다. 그래서 돈은 들어오는 동시에 가야 할 곳을 구체적으로 정해주어야 합니다. 여러분이 가지고 있는 통장에 결혼자금, 차량 구입비, 노후자금, 여행자금 등 매우 구체적인 이름표를 붙여서 관리하세요. 그렇지 않으면 돈은 잠깐 방심한 사이에 이별을 고합니다.

간혹 열심히 번 돈을 스스로를 위해 써보지도 못하고, 다른 사람에게 빌려주었다가 받지 못하는 경우를 보는데 참 안타깝습니다. 그런데 모으는 돈에 이름표를 붙여놓으면 이런 실수를 하지 않게 됩니다. 이를테면 결혼자금을 목적으로 저축하는 사람이 그 적금을 해약하고 빌려준다면 결혼을 미루는 것이 되므로 적어도 한 번은 더 생각하게 되겠지요. 20대라면 반드시 정해둘 이름표는 바로 여행자금입니다. 다른 장기적인 목적들을 이루어가는 데 활력소 역할을 하기 때문입니다.

02

통장만 잘 쪼개놓아도 돈은 자연히 모입니다

시작부터 다른 월급쟁이 부자들의 통장 관리법

통장 분리란 통장을 여러 개로 쪼개어 효과적으로 관리하는 것을 말합니다. 사회 초년생이라면 먼저 월급통장과 지출통장, 저수지 통장 등 3개로 분리하세요.

결혼 전이라면 수입과 지출이 비교적 단순하기 때문에, 굳이 통장을 쪼개어 관리할 필요가 없다고 생각할 수 있습니다. 하지만 통장을 분리하면 지출을 좀더 확실하게 통제하여 더 많은 돈을 모을 수 있습니다. 또한 장차 수입원이 다양해지고 지출이 복잡해질 때 돈을 좀더 효과적으로 관리할 수 있는 기초체력도 키울 수 있고요.

그럼, 제가 제안하는 3개의 통장 관리법을 보죠. 수입은 수도꼭지의 물과 같고, 수도꼭지에서 나온 물은 월급통장을 통과하여 지출통장과 저수지 통장으로 흐릅니다.

사회 초년생의 통장 분리법

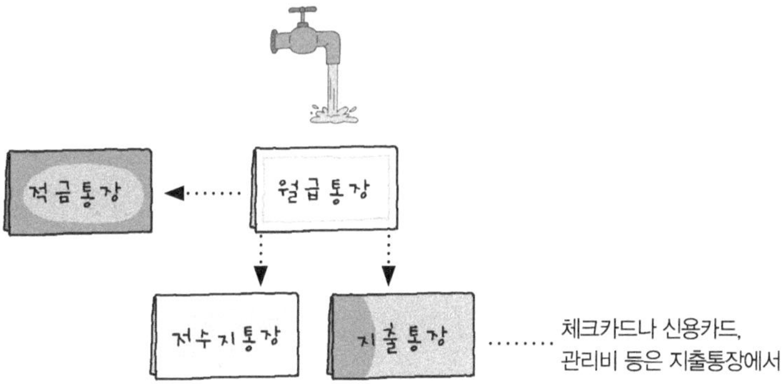

월급통장부터 정리해봅시다

거의 대부분의 기업은 주거래 은행이 있고, 직원들에게 그 은행에 월급통장을 개설하라고 합니다. 그런데 이직을 해서 은행을 바꾸면 이제까지 이용해 왔던 주거래 은행에서 받던 혜택이 줄어들 수가 있습니다.

주거래 은행은 오랫동안 거래하는 은행입니다. 가능한 기존에 사용하던 주거래 은행의 통장에 월급을 이체해달라고 하고, 안 된다고 할 경우에는 월급통장에 월급이 들어오는 즉시 전액을 주거래 은행으로 이체하는 것도 한 방법입니다. 주거래 은행의 경우 각종 수수료를 면제받을 수 있으며, 신용평점을 잘 관리하면 나중에 대출이 필요할 때 대출금리를 낮출 수 있습니다.

지출통장은 이렇게 활용하세요

체크카드와 신용카드의 함정에 빠지지 마세요 | 체크카드나 신용카드 결제대금은 지출통장에서 빠져나가도록 만드세요. 그리고 지출통장에 잔고가 0이 되면 더 이상 소비를 하지 못하도록 자기 자신을 강제해야 합니다.

모든 소비는 되도록 체크카드로 결제하세요. 체크카드는 은행잔고 안에서만 사용할 수 있으므로 지출 통제에 효과적입니다. 체크카드를 쓸 때마다 결제한 금액과 통장 잔액이 문자로 날아오게 하면 저절로 지출을 통제하게 됩니다.

신용카드는 1개만 만들어두되, 해외여행이나 불가피한 경우를 위한 비상용으로 생각해야 합니다. 어떤 사람들은 할인이나 무이자 할부혜택 등이 이득이라고 생각하지만, 이것은 10원 아끼려고 100원을 더 쓰는 꼴입니다. 신용카드를 사용하는 데 익숙해지면 누구라도 지출 통제에 실패할 수밖에 없습니다. 그러므로 돈이 없으면 소비를 참고, 꼭 사고 싶은 물건이라면 돈을 모아서 사는 습관을 들이는 것이 좋습니다. 매우 단순한 이야기지만, 월급쟁이 부자가 되는 가장 중요

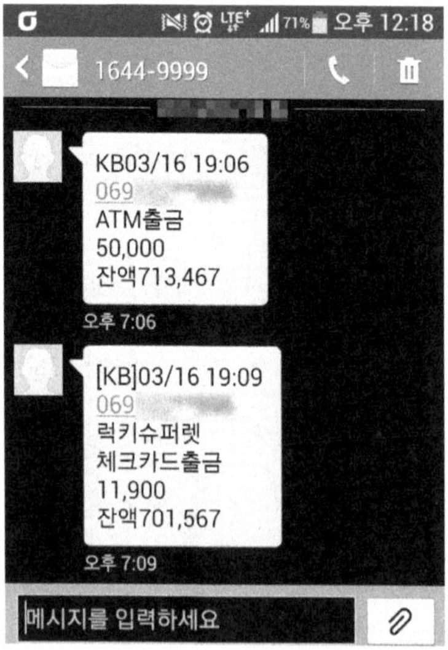

사용할 때마다 결제금액과 통장 잔액을 SMS 문자로 확인할 수 있게 하세요.

한 지름길 중 하나입니다.

간혹 체크카드나 신용카드 사용액에 따른 소득공제를 생각하는 사람이 있는데, 이 역시 세금 10원을 덜 내려고 소비를 100원이나 늘리는 꼴입니다.

고정지출에 유의해야 합니다 | 우리가 지출통장을 사용하는 이유는 돈을 계획성 있게 지출해서 쓸데없는 지출을 줄이고 저축을 늘리기 위해서입니다. 지출은 크게 주택이나 부동산 대출상환금·관리비·임차료(월세)·수도요금·학원비·보험료 등의 고정지출과 식비·피복비·교통비·용돈·경조사비 등의 변동지출, 그리고 재산세·자동차세·명절비·휴가비 등의 계절성 지출로 나눌 수 있습니다. 우리가 주로 절약할 수 있는 것은 식비·피복비·용돈 등의 변동지출이지요.

그런데 고정지출을 너무 늘리지 않는 게 매우 중요합니다. 살다 보면 실직 등을 할 수 있는데, 변동지출은 줄이면 되지만 보험료 등의 고정지출은 줄이기가 매우 힘듭니다. 그러므로 임차료(월세)·보험료 등 고정지출을 무섭게 알고 지출 비중을 줄이는 등 미리 계획을 잘 세워놓아야 합니다.

저수지 통장의 활용법이 중요합니다

저수지 통장은 비상금 충전 통장이라고 생각하면 됩니다. 목돈 마련의 목표를 지켜주게 하며 새는 돈을 막아주죠. 살다 보면 생각지도 못한 일이 생기게 마련인데, 저수지 통장이 있으면 목적별 자금에 손을 대지 않아도 되므로 재무목표를 지킬 수 있습니다.

월급통장과 지출통장은 같은 은행에 만드는 것이 좋지만, 저수지 통장은 돈을 쉽게 찾을 수 없도록 반드시 다른 은행에 만드세요. 인터넷 뱅킹도 신청하지 말고, 체크카드도 발급받지 말고, 물론 은행 앱도 깔지 않는 것이 좋습니다. 은행이 회사나 집에서 좀 떨어져 있어서 정말 중요한 일이 아니면 돈을 찾으러 가기가 귀찮아서라도 포기하는 곳이 좋죠. 저수지 통장을 활용해 저축률을 높이는 방법은 67쪽에서 상세히 설명합니다.

통장을 분리해 사용하는 실제 팁

매월 똑같은 월급을 받는 경우 | 매월 월급이 같은 경우에는 사실 월급통장에서 일정액은 자동이체로 저축하고 남은 돈으로 지출해도 됩니다. 그런데 이렇게 하면 설·추석 상여금이나 연말정산 환급금, 특별 상여금 등이 월급통장에 남아 있다가 흩어져 사라져버릴 위험이 있습니다. 그래서 매월 똑같은 월급을 받는 경우에도 월급통장과 지출통장을 분리하는 것이 좋습니다.

김지혜 씨는 직장생활 4년차인데 1년 동안 매월 똑같은 월급을 받고 있습니다. 이런 경우에는 통장 분리도 간단합니다. 매달 240만원을 받고 100만원을 쓴다면 급여일에 100만원을 지출통장으로 이체하면 됩니다. 이 경우 연말정산 환급금, 휴가비, 명절 상여금 등 임시

매월 똑같은 월급을 받는 지혜 씨의 통장 관리법

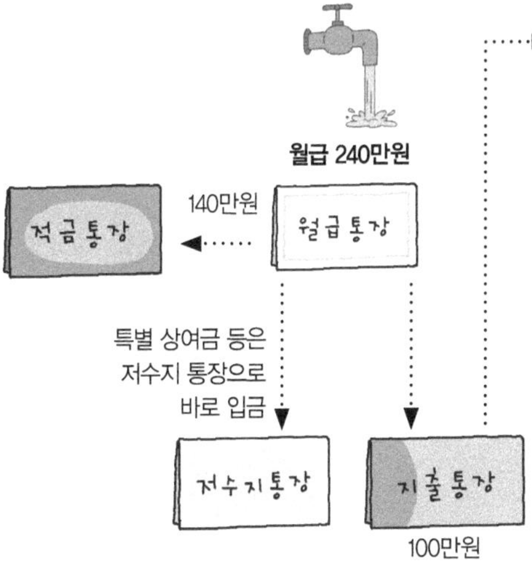

지혜 씨의 지출 내역

식비	20만원
교통비	15만원
휴대폰 비용	5만원
보험료	15만원
영어학원비	15만원
기타 용돈(친구 만남, 영화관람, 공연, 도서구입비, 화장품, 옷값 등)	30만원
총지출	100만원

수입은 저수지 통장으로 바로 입금하면 됩니다.

매월 월급이 들쑥날쑥한 경우 | 보너스, 수당 등에 따라 매월 들어오는 수입이 다른 경우도 있습니다. 예를 들어 1월은 150만원, 2월은 300만원 식으로 월급을 받으면, 1월에는 적금을 넣으면 생활이 빠듯하고 보너스가 나오는 2월에는 자기도 모르게 지출이 커집니다.

직장 3년차인 배연숙 씨는 홀수 달에는 200만원, 짝수 달에는 300만원을 받고 있으며, 이중 보험료를 포함 매달 100만원을 지출합니다. 연숙 씨처럼 매월 받는 월급이 다른 경우에는 지출통장에 지출액만큼만 넣은 다음, 나머지 돈은 모두 저수지 통장에 넣는 것이 좋습니다. 월급통장이든 지출통장이든 돈이 남아 있으면 쓰게 되니까요. 그리고 저수지 통장에서 자동이체로 적금이 빠져 나가게 해 놓으면 됩니다.

월급이 들쑥날쑥한 연숙 씨의 통장 관리법

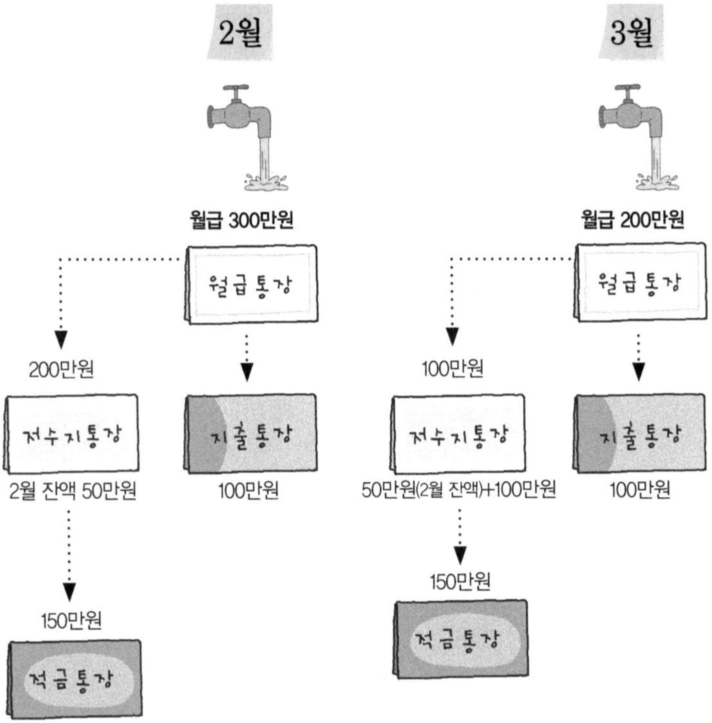

저축률을 높이는 단계적 통장 활용법

사회 초년생 중에는 입사한 첫 달에 월급을 받자마자 과욕을 부려서 월급의 70%를 적금에 넣었다가 갑자기 쓸 돈이 부족해지는 경우를 자주 봅니다. 하지만 저는 자신을 이렇게까지 채찍질하는 것은 권하지 않습니다. 사회 초년생에게 가장 중요한 것은 적금을 만기까지 유지하는 기초체력이기 때문입니다.

월급의 50% 이상은 저축하세요 | 20대 미혼 직장인이고 학자금 대출이 없다면 적어도 급여의 50% 이상을 저축하는 것이 좋습니다. 학자금 대출이 있는 경우라도 5만원, 10만원이라도 저축을 하고 저축액을 높여가기를 권해 봅니다. 그 이유에 대해서는 뒤에서 상세히 다루겠습니다.

그런데 우리나라 20대 직장인의 저축률은 30% 정도에 불과합니다. 국민 전체로 통계를 넓혀 보면 저축률은 약 20년 전보다 꽤 떨어졌습니다. 외환위기가 한창 진행 중이던 1998년 가계저축률은 18.6%였는데, 2017년 가계저축률은 7.6%였습니다. 이것도 2011~12년에는 3.4% 선까지 떨어졌는데 상승한 것입니다.

그럼, 통장 분리를 통해 저축률을 효과적으로 높이는 방법을 알아보죠.

❶ 첫 달에는 월급의 40%를 적금에 넣습니다.

뒤에서 누가 쫓아오는 것이 아닙니다. 조급하게 마음먹지 마세요. 사회 초년생은 자신의 지출상황을 확연히 알기가 힘듭니다. 적어도 3~6개월 정도는 지나야 지출현황과 돈의 흐름을 파악할 수 있습니다. 돈 관리는 20대인 여러분이 앞으로 60~80년 가까이 해야 할 일입니다. 그러므로 처음에는 살살 시작해보세요. 지출통장에 계획한 액수만큼만 넣어 생활하고, 나머지 돈은 저수지 통장에 넣습니다.

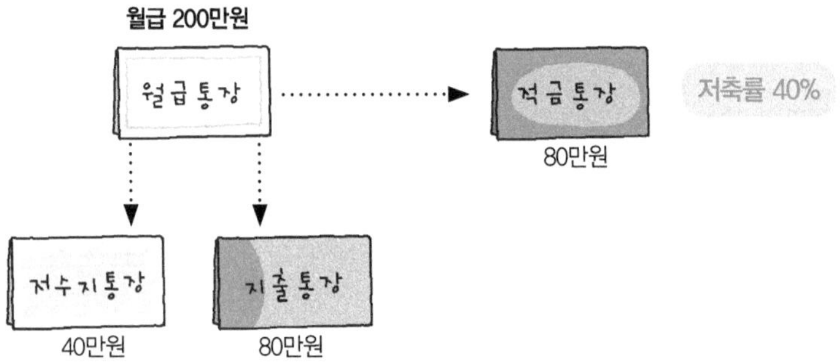

❷ 두 번째 달에는 월급의 10%를 적금에 추가로 넣습니다.

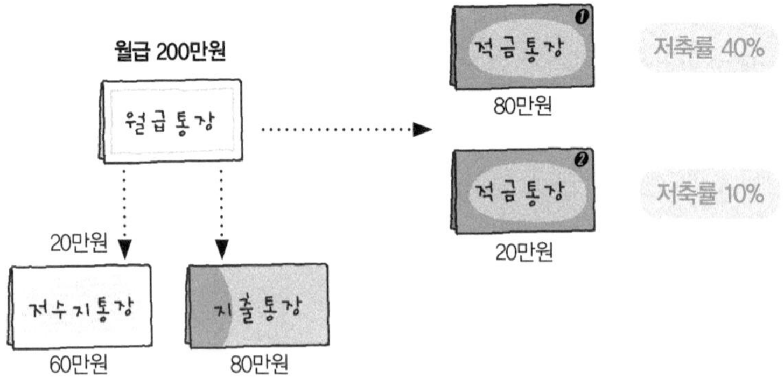

❸ 세 번째 달에 다시 월급의 10%를 적금통장에 추가합니다. 이제 저축률이 60%가 되었습니다. 물론 세 번째 달에 바로 통장을 하나 더 늘리기 힘들 수도 있습니다. 하지만 기본적으로는 저축률을 이런 방법으로 높여가면 됩니다.

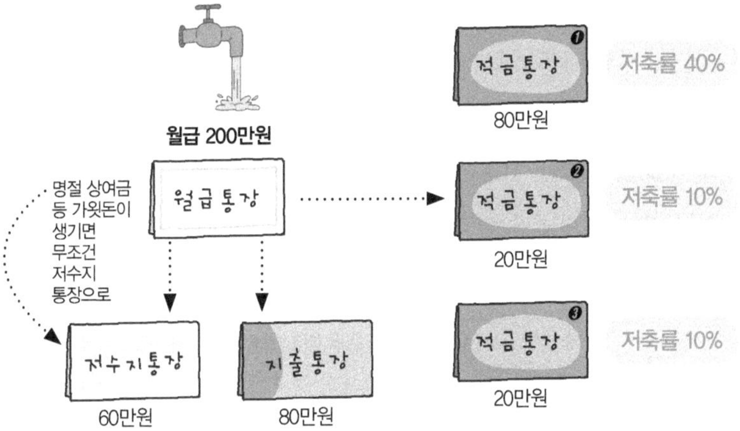

❹ 이제 가장 간단한 현금 흐름 시스템이 갖추어졌습니다. 1월에 적금을 넣었다면 다음 해 1월에 첫 적금이 만기가 되어 이자를 제외하고 960만원, 2월에 240만원, 3월에 240만원을 타게 됩니다.

▼ 적금통장을 쪼갠 지혜 씨의 신나는 적금 타기

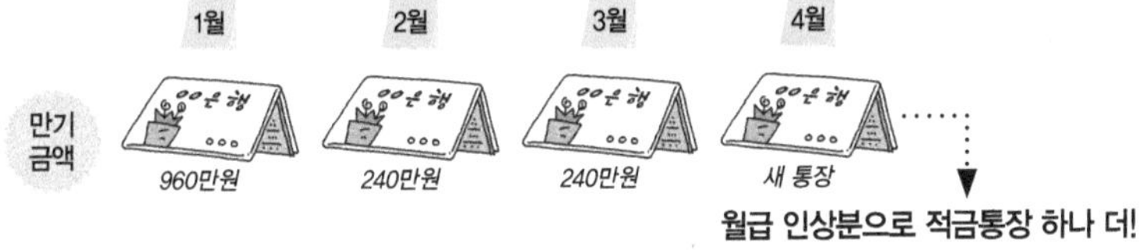

적금통장, 왜 쪼개야 하나요

적금통장도 하나로 만들기보다는 목적별로 쪼개어 놓는 것이 좋습니다. 돈에 목적별로 이름표를 붙이는 의미도 있지만, 만약 급하게 큰돈이 필요해 저수지 통장의 돈만으로는 충당이 안 되어 어쩔 수 없이 적금을 해지할 때에도 그 액수와 가장 가까운 적금만 해지하면 되므로 이자 손실을 줄일 수 있습니다. 물론 요즘에는 부분해지가 가능한 적금 상품도 있지만, 부분해지를 하면 결심이 무너지기 쉬우므로 통장을 쪼개는 것이 좋습니다. 또한 적금통장을 쪼개놓으면 1년에 만기가 자주 돌아옵니다. 더 신나서 돈을 모으게 되는 효과도 있지요.

돈 모으기에도 사람의 심리가 작용합니다. 자신에 대한 보상으로 만기와 목돈을 주기 위해서라도 적금통장 쪼개기는 꼭 필요한 일입니다. 요즘 적금은 자동이체로 빠져나가게 하잖아요? "띠리링~." 회사일에 바빠서 잊고 살다가 적금 만기가 되었다는 문자를 받으면 '아, 벌써 만기구나' 하는 생각이 듭니다. 다음 달에도, 그다음 달에도 이런 문자를 받는 기쁨은 저축액이 많고 적고를 떠나서 경험해본 사람만이 아는 기쁨이랍니다.

적금통장은 이렇게 분리하세요

바쁜 회사생활을 하는 사람들에게는 통장관리도 힘든 일입니다. 그래서 저는 이런 요령을 권합니다.

❶ 거래 은행의 개수를 늘리지 마세요. 은행마다 금리나 혜택이 조금씩 다르지만, 가능하면 월급통장이 있는 은행에 적금통장들을 모아서 만드는 것이 편합니다. 물론 예금자보호법이 보장하는 5,000만원 한도 내에서요.

❷ 인터넷 적금을 활용하는 것이 편합니다. 이벤트 등을 통해 금리를 조금이나마 더 주는 경우도 많고, 은행 창구에서 낭비하는 시간을 줄일 수 있습니다.

❸ 은행 지점을 이용해서 적금에 가입할 때는 꼭 담당자에게 만기가 되기 며칠 전에 문자로 알려달라고 하세요. 대부분의 은행들이 굳이 신청하지 않아도 이런 서비스를 제공하지만, 실제로 이 서비스를 해주지 않는 지점도 있습니다. 적금이나 예금이 만기된 후에도 찾지 않은 돈에 대해서는 이자가 거의 없습니다. 회사일로 바쁘다 보면 만기일을 잊어버리고 며칠, 심지어 한두 달을 통장에 그대로 둔 채 지나가는 경우도 있으니 꼭 체크하세요.

03

각종 이자의 비밀을 살펴봅니다

은행 적금 이자는 왜 항상 생각보다 적을까요?

적금 이자의 비밀 | 열심히 일해서 번 돈을 맡기는데 이자는 항상 내 기대를 밑돕니다.

한 과장은 월 100만원씩 1년 동안 정기적금을 넣어 목돈을 마련하려고 합니다. 연 이율이 2.5%라면 1년 뒤의 이자는 겨우 14만원 정도(세후 137,475원)입니다. 1월에 넣은 100만원은 12개월 후에 찾으므로 금리가 2.5%이지만, 2월에 넣은 100만원은 11개월 예치한 것이므로 약 2.29%(2.5×11개월/12개월)…… 마지막 12월에 넣은 100만원은 1개월 후에 찾으므로 금리가 약 0.21%에 불과합니다. 그래서 다음의 표를 보면, 연 이율 2.5%의 적금 수익률은 실제로는 불입한 원금의 약 1.1%에 불과합니다.

만약 월 100만원 1년 만기 적금의 금리가 0.3%가 높다면 실제로 계산해 보면 이자가 고작 16,000원(세후) 많은 것입니다. 반면 한 과장이 목돈 1,200만원을 1년 정기예금에 넣었고 연 이율이 2.5%이면 이자는 253,800원(세후)입니다.

1년 정기적금 구조(연이율 2.5%)

1개월	2개월	3개월	……	12개월		
100만원	100만원	100만원	……	100만원	➡	이자 약 14만원*
금리 2.5%	금리 2.29%	금리 2.08%		금리 0.21%		1년 순수익률(세후) 약 1.1%

1년 정기예금 구조(연이율 2.5%)

1개월	2개월	3개월	12개월		
1,200만원				➡	이자 약 26만원
금리 2.5%					1년 순수익률(세후) 2.1%

* 이자에서 세금 15.4%를 뗀 나머지가 실제 여러분이 수령하는 이자입니다.

복리의 비밀 | 복리는 일정한 기간의 말마다 이자를 원금에 가산하여 그 합계액에 다시 이자가 붙는 것입니다. 예를 들어 1,000만원 정기예금이 연 복리 10%라면, 2년째에는 원금과 이자를 합한 1,100만원에 다시 이자가 붙습니다. 반면 단리는 2년째에도 이자가 원금인 1,000만원에 대해 붙지요. 단리와 복리는 투자기간이 길수록 차이가 점점 커집니다. 원금이 1,000만원이라면 25년 후 약 7,000만원이나 차이가 납니다.

대표적인 복리상품으로는 일정기간마다 이자를 원금에 가산하여 자동으로 재예치해주는 회전식 정기예금이나 월복리식 적금 등이 있습니다. 예적금 상품의 금리와 세제 혜택을 한꺼번에 확인하려면 전국은행연합회(www.kfb.co.kr) 사이트를 이용하면 됩니다.

복리의 마법

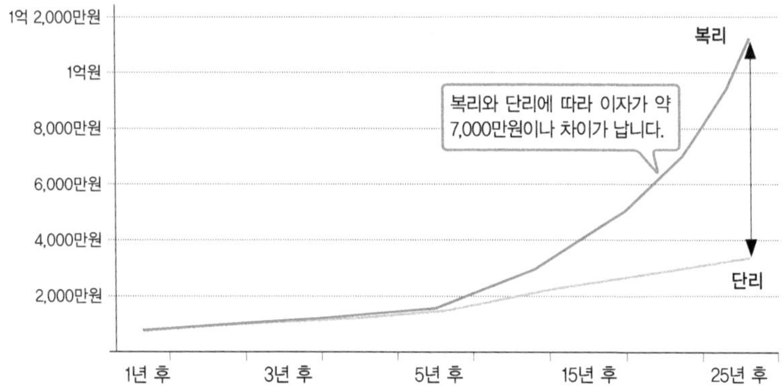

요즘은 복리 상품이 거의 없어졌는데, 만기로 찾은 예적금과 이자를 그대로 정기예금으로 재예치하고 만기 후 이를 반복하면 복리 효과를 조금이라도 낼 수 있습니다.

04

강제저축이 너무 힘들다고요?

재테크 기초체력, 이렇게 키워요

가장 많이 받는 질문 중 하나가 바로 '어떻게 하면 돈을 많이 벌 수 있느냐'에 대한 것입니다. 어떻게 하면, 어디에 투자하면 수익률이 좋을지 고민하는 것이지요. 그런데 사실 우리는 돈을 모으는 방법을 이미 알고 있습니다. 단지 그 방법대로 실천하느냐, 하지 않느냐의 차이일 뿐입니다.

입사 3년차 세영 씨가 5,000만원 모은 비결

입사 3년차인 윤세영 씨와 재무상담을 했습니다. 그녀는 200만원 조금 넘는 월급을 받는 평범한 직장여성인데 이른 나이에 벌써 돈을 5,000만원이나 모았더군요.

"직장을 다닌 지 얼마 안 되었는데, 예금이 많네요?"

"엄마가 시키는 대로 해서 제 월급으로 지금까지 모은 돈이에요."

"어머니가 주식이나 부동산 투자의 고수인가요? 참 대단하네요."

"아니에요. 직장에 들어가자마자 엄마가 계를 드는 셈 치라면서 매월 140만원씩 달라고 했어요. 그리고 지난주에 계를 탄 돈이라며 5,000만원을 주셨어요."

자세히 들여다보면 세영 씨가 선택한 계에는 재테크에 필요한 3가지 중요한 원칙이 숨어 있습니다.

첫째, 세영 씨의 계에는 3년 만에 5,000만원이라는 확실한 목표가 있습니다. 월급의 70%나 저축을 하다 보니 중간에 힘들어 그만둘까도 생각했지만, 목표가 확실히 있었기에 참을 수 있었습니다. 재무목표가 얼마나 중요한지 다시 한번 느낄 수 있습니다.

둘째, 목표를 위해 지출을 당연히 통제했습니다. 월급의 70%를 저축했기에 지출은 당연히 30%에 맞추어졌지요.

셋째, 매월 140만원을 강제로 이체시켜야 하는 '강제저축' 환경을 만들었습니다. 많은 사람들이 강제저축을 경험해보고 이구동성으로 하는 말입니다. 지출이 100만원이던 사람이 90만원으로 줄여도 다 살아지더라는 것이지요.

"펀드 수익률이 한창 오를 때는 당장이라도 저축을 그만두고 펀드로 옮기고 싶었어요. 만약 은행이나 증권사 같은 금융기관에 넣었다면 해지했을 거예요. 좀 답답했는데 지금은 엄마한테 감사하죠."

그런데 사실 140만원을 그냥 은행에 적금을 들었어도 5,000만원은 모입니다(140만원×36개월=5,040만원). 계는 위험하니 들지 말되, 우리는 적금을 마치 계처럼 중간에 해지하지 않고 지켜가면 됩니다.

적금통장 하나 없는 영선 씨가 2억원 모은 방법

33세 미혼 직장인인 권영선 씨는 고향이 안동인데, 서울에서 대학을 졸업하고 대기업 계열 금융회사에 근무 중입니다. 그런데 연봉이 높은데도 적금통장이 하나도 없고 저축을 해 본 적도 없었습니다. 하지만 직장생활 8년 만에 2억원을 모았습니다.

"제가 쇼핑을 좋아하거든요. 언니와 형부가 걱정스러웠는지 지금의 회사에 입사하자, 무이자로 돈을 빌려줄 테니 월세에서 전세로 옮기라고 하더라고요. 보증금 1,000만원에 월세 60만원짜리 오피스텔에 살고 있었는데 관리비도 15만원이 넘었어요. 다달이 월세를 내는 것보다 아파트 전세가 유리하다 싶었어요."

영선 씨는 당시 언니네에게 7,000만원을 빌려 전세 8,000만원의 13평 아파트로 옮기고 한 달에 150만원씩 열심히 갚았습니다. 이처럼 전셋집을 넓혀가며 돈을 빌리고 갚다 보니 현재 살고 있는 집의 보증금이 2억원이나 되었습니다. 8년 만에 2억원이라는 보증금이 생겼으니 매년 2,500만원을 저축한 셈입니다. 그녀는 이렇게라도 목돈을 모으게 해준 형부와 언니에게 감사하다고 합니다.

사회 초년생이나 아이가 없는 신혼부부의 경우에 비싼 전세나 월세에 사는 것을 권하지 않습니다. 이 시기에는 굳이 집에 큰돈을 들여서 살 이유가 없기 때문입니다. 하지만 영선 씨처럼 소비습관이 스스로 잘 잡히지 않는 경우, 전세보증금을 키워가는 것도 좋은 강제저축 방법입니다. 물론 보증금을 떼이지 않도록 주의해야겠죠.

적게 쓰고 강제로 저축하기

자산관리나 재테크 상담을 하면서 많은 사람들이 돈을 어떻게 하면 많이, 빨리 모을지 고민하고 궁금해합니다. 가장 좋은 방법은 바로 적게 쓰고 강제로 저축하는 것입니다. 강제저축은 지겹고 느리지만 안전할 뿐더러 따지고 보면 결국 제일 빠른 방법이기도 합니다.

소득에서 저축 비중이 가장 높을 수 있는 때는 20대와 30대, 결혼을 해서 아이를 낳기 전까지입니다. 이때 저축 습관을 기르면 저축과 함께 소비를 참아내는 좋은 태도를 가지게 됩니다. 미혼 직장인의 경우에 부모님의 집에서 회사를 다니는지, 자취를 하는지에 따라 저축 비율이 달라질 수밖에 없습니다. 하지만 저는 일단 월급의 반 이상을 저축해보라고 권합니다.

재테크 성공의 최대 발명품을 '자동이체'라고 생각합니다. 월급의 반 이상을 저축하려면, 먼저 월급을 타는 날에 바로 저축액이 자동이체로 빠져나가게 하고 소비는 지출통장 한도 안에서만 하면 됩니다(67쪽 저축률을 높이는 단계적 통장 활용법 참조). 그러면 어쩔 수 없이 남은 돈으로 한 달을 생활하는 습관이 생기게 되니까요. 이 시기에 열심히 모은 종잣돈은 여러분이 평생 모으게 될 자산의 든든한 버팀목 역할을 하게 될 것입니다.

05

목표 없는 저축은 허물어지기 쉬워요

이름표를 붙여, 내 통장에!

토요일에 일찍 깨어 누워서 눈만 멀뚱멀뚱 뜨고 있다가 TV 채널을 이리저리 돌려보았는데, 마침 30대 초반 남자 직장인에게 재무상담사가 재무상황을 분석해 조언을 해주고 있었습니다. 그런데 제가 보기에는 지금도 저축을 충분히 하는 것 같은데, 그는 저축을 좀더 많이 하라고 권했습니다. 아마도 돈을 모으는 의미나 이유가 제가 생각하는 것과 다른 사람이 아닐까 하는 생각이 들었습니다.

25세 초등교사의 특별한 통장 이름

몇 년 전에 만난 25세의 초등학교 교사인 이진희(가명) 씨는 수당 등을 합해서 실수령액이 200여 만원입니다. 130만원을 저축성 보험, 보장성 보험, 연금보험에 넣고 있었습니다. 진희 씨는 만나자마자 돈을 쓸 곳이 별로 없으니 더 모으고 싶다고 했습니다.

"대부분의 또래 여성들은 돈 관리를 부모님에게 맡기는 경우를 많이 보는데, 진희 씨는 직접 하네요."

"부모님이 이제 너도 성인이니 직접 해보라고 했어요."

"이미 저축을 충분히 하고 있는데 왜 더 하려고 하나요?"

"저는 재테크나 금융상품에 대해 잘 몰라요. 취미도 별로 없어서 매달 남는 돈으로 저축성 보험이라도 하나 더 하려고요."

진희 씨에게 저축성 보험에 대해 물어보았더니 아는 것이 거의 없었습니다. 다만 저축을 좀더 하고 싶어서 기존의 담당 보험설계사에게 물어보았더니 월 30만원을 변액보험에 가입하라고 권했답니다. 동료 교사가 그 이야기를 듣고 저를 한번 만나보라고 소개한 것입니다.

"지금도 보험 비중이 너무 높아요. 130만원을 전부 저축성 보험, 보장성 보험 및 연금보험에 넣는 것은 문제예요. 이건 나중에 다시 자세히 설명해드릴게요. 20대 때의 재테크는 삶의 초석을 놓는 것과 같습니다. 신중하게 해야 하는데, 좀……."

"아, 그런가요? 부모님도 그런 말씀을 하셨는데. 그런데 월 30만원 정도는 저축 여력이 있는데 이건 어쩌죠?"

"저축을 무조건 많이 한다고 좋은 것만은 아니에요. 오히려 자기계발이나 취미생활에 사용하는 것이 어떨까요?"

"지금은 딱히 그럴 마음이 없어요. 교사 초년생이라 학습지도 계획을 세우고 아이들을 지도하며 학부모님들과 상담하는 것이 쉽지 않네요. 지금은 교직생활에 더 열중하고 싶어요. 월급에서 쓰고 나면 매달 30만원쯤 남는데 이것은 그냥 저축하고 싶어요."

진희 씨는 저축에 대한 의지를 굽히지 않았습니다.

"진희 씨, 세상에서 가장 재미있는 것이 무엇일까요? 바로 돈 쓰는 재미입니다. 혹시 부모님은 해외여행을 자주 다니나요?"

"아뇨. 남동생이 두 명인데 아직 대학생이라서 가까운 동남아 여행도 많이 부담스러워 하세요."

"그러면 결혼 전에라도 매년 여행을 보내드리면 어떨까요? 30만원 중에서 20만원을 떼어 1년 만기 적금을 드는 거예요. 부모님이 사랑하는 딸 덕분에 오랜만에 여행을 간다며 기특하게 생각할 거예요. 아마 진희 씨도 돈 쓰는 재미를 느끼게 될 겁니다."

"아하! 그거 정말 괜찮네요. 저축을 무조건 많이 하는 것이 부모님을 기쁘게 해드리는 것이라고 생각했는데……. 꼭 그렇게 할게요. 그런데 나머지 10만원은 어떻게 할까요?"

"저축은 충분히 하고 있으니 동생들에게 용돈이라도 주세요."

행복은 돈을 무조건 많이 모으는 데에서 오는 것이 아닙니다. 돈을 모으는 이유는 쓰기 위해서이고, 돈을 잘 쓰는 행복도 알아야 합니다. 돈 쓰는 재미를 느낄 수 있는 것, 돈을 가치 있게 쓰는 방법이 무엇인지 고민해 본다면 더 열심히 일하는 원동력이 될 수도 있습니다. 너무 과도한 저축, 특히 소득과의 균형을 무시하는 저축에 대해서는 좀더 생각해보자는 것입니다. 돈을 행복하게 모으고 행복하게 소비하는 것도 중요하니까요.

06

무엇에 투자해야 돈을 더 버냐고요?

금리, 수익률보다 중요한 게 있어요

"연봉이 300만원 올랐어요. 금리가 가장 좋은 적금을 추천해주세요."
"돈을 10년 정도 장기로 모으고 싶은데 적금이 좋을까요? 아니면 펀드가 좋을까요?"

가장 많이 받는 질문 중 하나입니다. 어떤 은행, 어떤 상품이 금리가 높은지, 어떤 펀드가 수익률이 높은지, 부동산과 주식 중 어디에 투자해야 돈을 더 많이 벌 수 있는지에 대해 묻는 사람들이 많습니다.

살아보니 토끼보다 꾸준한 거북이가 빠릅니다

많은 사람들이 직장생활을 시작하자마자 재테크에 집중합니다. 돈을 빨리 불리고자 월급을 더 많이 주는 곳, 수익이 더 좋은 곳을 찾기 위해 부단히 노력합니다. 물론 저도 예외가 아니었습니다.

2010년에 있었던 일입니다. 그날은 다른 날보다 조금 일찍 퇴근했는데 아내의 얼굴에 미소가 가득했습니다. 무슨 좋은 일이 있느냐고 물었더니 7년 전에 든 적금이 만기가 되어 탔다고 좋아했습니다. 아내가 그 적금을 들던 2003년에 저는 주식투자에 흠뻑 빠져 있었습니다. 아내는 그때 매월 70만원을 적금에 넣고 싶어했습니다.

"그 돈이면 내가 주식투자로 더 큰 수익을 낼 수 있는데. 굳이 적금을 넣을 필요가 있을까? 이자도 싼데. 당신이 꼭 하고 싶으면 반으로 줄여서 하든지."

결국 아내는 월 30만원짜리 적금에 가입했습니다. 아내가 워낙 적금을 강력하게 주장해서 그렇지, 저라면 절대 가입하지 않았을 것입니다.

2003년 30대 초반이었던 저는 주식투자로 큰 수익을 올리고 있었습니다. 몇 년 전에 1,000만원으로 시작한 주식투자의 수익률이 무려 1,000%, 평가가치가 1억원이 훌쩍 넘었습니다.

"주식이 많이 올랐다니 팔면 안 될까? 1억원이 어디야, 정 팔기 싫으면 반만이라도 팔자. 내가 은행 예금으로 관리할게."

하지만 저는 조금만 있으면 더 큰돈이 될 것이라고 고집을 부렸습니다. 부부 싸움도 여러 차례 했습니다. 투자에 대한 확신과 젊은 치기에 고집을 있는 대로 부리다가 겨우 투자원금 1,000만원만 빼서 아내에게 부쳤지요. 그 후 7년이 지난 2010년 아내는 만기가 된 적금을 탔고, 그 돈이 들어온 통장을 보여주며 이렇게 말했습니다.

"그때 당신이 적금을 절반으로 줄이라고 하지 않았다면, 지금 이 돈의 두 배를 탔을 텐데……. 괜히 주식투자를 한다고 돈만 다 날리고."

그렇습니다. 2003년 한참 잘나가던 저의 주식투자는 2007년 초에 주가지수 선물에 손을 대면서 거의 잃었습니다. 겨우 원금 1,000만원이라도 건진 것이 다행이었지만 아내에게 면목이 없었죠. 저는 돈을 버는 것에 집중한 나머지 돈을 모으는 현명함을 잊어버렸던 것이지요.

주식투자로 수익을 한두 번 낸 사람들은 자기 실력을 자만하지만, 결국은 오랫동안 꾸준하게 지켜온 사람들에게 뒤쳐집니다. "고작 월 30만원에 5% 정도의 이자를 받아서 뭐하겠냐?"고 무시하던 그 저축이 저의 주식투자보다 더 많은 돈을 지키고 있었던 것입니다.

당시의 저뿐만 아니라 많은 투자자들이 '수익을 어떻게 낼지', '수익이 얼마나 될지'에만 관심을 기울입니다. 하지만 아내는 버는 것보다 얼마나 안 쓰고 참느냐에 관심을 가지고 있었고, 결국 수익률에만 관심을 가진 저보다 더 높은 수익률을 올린 것입니다.

그 후 저는 어떤 상품이 수익률이 좋은지, 어떤 투자를 하는 것이 좋은지 물어보는 사람들에게 이렇게 답하고 있습니다.

"금리가 조금 더 높은 적금을 추천해주세요."

"가장 가까운 은행에 들러서 아무 적금이나 가입하세요. 단, 계획한 월 납입액보다 1만원만 더하세요. 그것이 이자보다 나을 거예요."

"장기저축을 위해서는 어떤 금융기관이 좋나요?"

"오래 투자하려면 은행 적금이든 펀드 투자든 상관없습니다. 단, 저축을 하려는 금액보다 액수를 조금 더 높이고 만기까지 꼭 지켜가세요. 그것이 남는 것입니다."

07

쉬워 보이지만 의외로 실천이 어렵습니다

적금/예금/보험 안 깨는 법

다른 직종에 비해 은행 등 금융회사들이 해마다 많은 수익을 올리고, 고액의 연봉과 보너스 잔치를 벌인다는 것쯤은 여러분도 알고 있죠? 금융회사의 이익 구조는 예금이자와 대출이자의 차이인 예대차 수익이 가장 크고, 두 번째는 수수료 수익이지만, 저는 예적금 해지에 따른 이자 이익 또한 짭짤하게 은행의 배를 불려준다고 생각합니다.

국내 은행의 2016년 예적금 중도 해지율은 35.7%로 이는 2014년 33%에서 지속적으로 늘어난 것입니다. 특히 국내 은행 5곳의 적금 중도 해지율은 44.5%에 달했습니다. 2명 중 1명 이상은 예적금을 만기까지 가지 못하고 중도에 포기한 것이지요. 예적금을 해지한 사람들을 연령대별로 보면 30대, 40대, 29세 이하 순입니다.

보험은 중도 해지할 경우 예금이나 적금보다 손해가 훨씬 더 큽니다. 변액보험의 경우, 금융감독원에 따르면 2016년 기준 1년차 가입자의 해지율은 약 23%, 2년차는 36%, 3년차 46%, 4년차 60%, 5년차에는 70%가 넘는다고 합니다. 한편 2015년 YTN 보도에 따르면 종신보험 가입자의 70%가 만기까지 유지를 못 하고 중도 해지를 한답니다.

보험은 2년 안에 해지하면 환급금을 거의 못 받는 경우가 있는데도 2명 중 1명꼴로 수십 만원에서 많게는 수백만원 이상의 손해를 감수하며 해약하는 것입니다. 이쯤 되면 적금 금리가 조금 더 높은 곳을 찾아서 인터넷을 뒤지는 것보다, 금융상품을 처음부터 제대로 가입하여 해지하지 않는 것이 더 나은 재테크 방법이라고 할 수 있습니다.

나영 씨의 적금통장 쪼개기

흔히 30대나 40대 남자들이 경제나 투자에 대해 많이 안다고 생각합니다. 실제로 경제책 판매량의 70%는 남성입니다. 하지만 실제 돈을 굴리는 데는 기혼여성들이 꽤 노하우가 많습니다. 이들 중 경제공부를 하며 20년 이상 가계부와 통장·주식·펀드·부동산 등을 굴려온 사람들은 자잘한 금융지식부터 경제지식까지 활용해온 자신만의 노하우가 있습니다.

김나영 씨(43세)가 적금통장을 어떻게 배분했는지 보죠. 맞벌이 부부인 나영 씨네의 한 달 수입은 세후 1,000만원입니다. 아내가 중간에 임신·출산 등으로 직장을 그만두지 않고 맞벌이를 계속해온 40대 가정의 경우에는 세금을 제한 월소득이 1,000만원 내외인 경우가 제법 있습니다.

나영 씨네는 초등학교 고학년과 중학생 아이가 있어서 학원비가 많이 나가며, 연금이나 보험을 포함한 한 달 생활비는 500만원입니다. 한 달 가정의 수입 중 여유자금 500만원은 적금으로 목돈을 모으고 있고, 오피스텔 임대수익으로 들어오는 70만원은 적립식 펀드 2개에 나누어 넣고 있습니다.

맞벌이 부부 나영 씨네의 적금통장 쪼개기

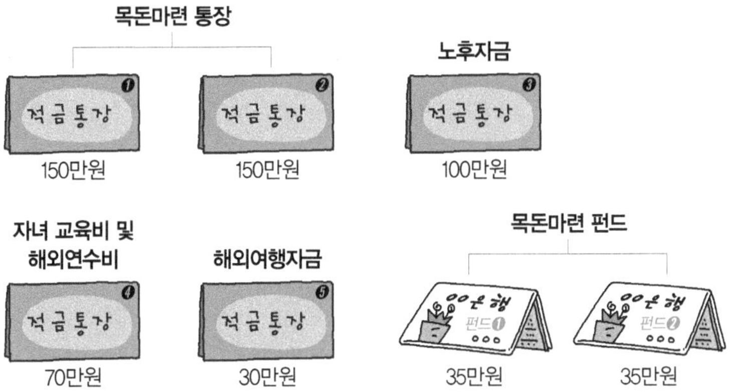

매우 간단해 보이지만, 결혼 후 16년 동안 나영 씨가 돈을 굴리면서 쌓아온 노하우가 들어 있습니다. 40대가 되어 아이들이 한창 크면 생활규모가 커지면서 통장관리도 정말 일이 됩니다.

나영 씨도 처음에는 바쁘다 보니 적금을 하나의 통장에 몰아 넣었습니다. 그런데 예전에 월 300만원, 금리 5.8%, 만기 1년 적금을 10개월을 넣다가 1,500만원이 갑자기 필요해 해지했더니 금리가 겨우

1.5%였습니다. 게다가 텔레비전을 바꾸는 데 150만원, 자전거가 취미인 남편에게 졸리다 못해 500만원을 주고 나니 겨우 850만원만 남아 힘이 쭉 빠졌습니다. 그 이후로 그녀는 적금통장도 이름표를 붙여서 여러 개로 나누어 관리합니다.

①, ②번 통장은 '목돈마련 통장'이고, ③번 통장은 '노후자금', ④번 통장의 이름표는 '자녀 교육비 및 해외연수비', ⑤번 통장의 이름표는 '해외여행자금'입니다.

나영 씨는 적금통장 5개를 월급통장, 지출통장과 같은 은행에 개설합니다. 인터넷으로 적금통장을 만들면 3개든 5개든 몇 분만에 가입할 수 있으니 그리 힘들지 않습니다. 인터넷이나 스마트폰을 이용하면 예금금리를 조금 더 주는 경우가 많으니 꼭 활용해보세요.

나영 씨의 예금통장 쪼개기

돈 관리를 하다 보면 예금도 해지할 일이 꼭 생깁니다. 이때 1,000만원이 필요하여 1년 만기 4,000만원 예금을 해지하게 되면 이자 손해에 정말 속이 쓰립니다(예금통장에서 부분 해지해도 되지만 힘이 빠집니다). 그래서 나영 씨는 예금통장도 몇 개로 나누어 놓습니다. 이 또한 인터넷이나 스마트폰을 이용하면 1년에 딱 하루 몇 분만 시간을 내면 됩니다.

다음은 나영 씨의 ㅎ은행 예금계좌입니다. 나영 씨는 금융자산이 많아서 예금도 여러 은행에 4,500만원씩 분산해 놓았는데, ㅎ은행 계좌만은 혹시 필요할지 모를 목돈에 대비해 예금을 이렇게 분산했습니다.

맞벌이 주부 나영 씨의 예금통장 쪼개기(ㅎ은행의 경우)

1,000만원 1,500만원 2,000만원

예금통장 해지 막는 팁 | 정말 기본적인 이야기인데, 한 은행에 원금과 이자를 포함하여 예금자보호가 되지 않는 5,000만원 이상은 넣지 않는 습관을 들이세요. 누구나 다 아는 상식이지만 이것을 제대로 지키지 않는 경우가 제법 많습니다.

"A 저축은행이 위험한가요? 3년짜리 정기예금 5,000만원이 있는데 이자를 못 받을 위험이 있나요?"

2008년 금융위기나 2011년 저축은행의 연이은 파산 사태 때에 이런 질문을 하는 사람들이 많았습니다. 한 은행당 예금자보호법에 따라 원금과 이자를 합해 5,000만원까지만 보장이 됩니다. 그리고 은행이 망할 경우 긴급자금 1,000만~2,000만원은 한두 달 안에 먼저 주는 경우가 있지만 나머지 돈은 보통 4~6개월 동안 인출을 하지 못하는 경우도 있습니다. 그러므로 전세자금 등 꼭 필요한 돈이라면 안전한 은행을 이용하는 것이 좋습니다.

보험, 신중한 결정이 필요합니다

사회초년생에게 보험과 관련해서 하고 싶은 이야기는 이것입니다. 보험은 그 시기 재테크 중 가장 큰 금액을 다루는 결정입니다.

월 납입액이 20만원이라면 커 보이지 않지만, 만기 15년을 감안하면 한 번의 선택으로 3,600만원(20만원×12개월×15년)에 대한 결정을 내리는 것이지요.

또 하나, 월급을 받자마자 바로 보험에 가입하는 사람들이 있습니다. 그래서는 안 됩니다. 나에게 필요한 보험이 무엇인지 신중하게 생각하고 공부해서 결정해야 합니다.

보험은 복잡해서 공부가 많이 필요한 금융상품입니다. 너무 조급하게 생각하지 말고 공부를 많이 하며 계획을 철저하게 세운 후 신중하게 가입해야 합니다. 그리고 무리한 액수로 가입하지 마세요. 나이가 더 들고 필요하면 그때 액수를 늘려가면 됩니다. 20대 때 보험 설계를 잘못하면 손실이 매우 큽니다. 보험은 20대 여러분이 하는 가장 큰 재테크 결정이라는 점을 인식하고 신중하게 접근했으면 합니다. 보험에 대해서는 뒤에서 다시 다룹니다.

가정경제,

월급쟁이 부자들과 터놓고 이야기합시다

Part 3

01

돈 모으기도 심리가 작용합니다

연봉 7,000만원 홍준 씨, 마이너스 통장이 왜 자꾸 늘었을까요?

유홍준 씨(34세)는 인터넷 업체에서 프로그래머로 근무한 지 5년이 넘은 미혼 남성입니다. 연봉이 7,000만원이 넘고 직장생활을 5년 넘게 해왔으니 당연히 저축도 많이 했을 줄 알았는데, 저축은 커녕 마이너스 통장의 잔고가 -1,000만원이었습니다.

연봉이 높은 사람들 중에서 소비습관 때문에 의외로 저축을 거의 못하는 경우를 가끔 보지만, 그래도 홍준 씨는 좀 심하다 싶은 경우였습니다. 부모님에게 생활비를 드리는 것도 아닌데, 적금 한 푼 없이 혼자서 그 많은 연봉도 부족해 마이너스 통장까지 쓰고 있으니 안타까웠습니다.

정말 저축보다 빚 갚는 게 먼저일까요

"우선 빚부터 갚고 저축은 그 뒤에 생각하려고요. 세금을 감안하면 마이너스 통장의 대출금리가 예금금리보다 3% 이상 높잖아요. 그래서 당연히 마이너스 통장부터 모두 갚고 나서 저축을 할 생각이에요."

은행에서 대출을 받은 사람들을 보면 금액에 상관없이 모두 이와 비슷한 말을 합니다. 빚을 먼저 갚아야 하며 이런 사정에 적금을 붓는 것은 무의미하다는 것이죠. 얼핏 들으면 모두 맞는 말 같습니다. 대출금리는 적금금리보다 높으니까요. 특히 마이너스 통장의 대출금리는 높기 때문에 이것부터 빨리 갚아버리는 것이 이득인 것은 맞습니다.

돈은 논리로 설명되지 않습니다 | 하지만 인간의 행동과 심리는 논리나 산수로 설명이 안 된다는 것이 문제겠지요.

"한 가지만 물어볼게요. 홍준 씨가 직장생활을 처음 시작한 5년 전부터 월 30만원씩 5년 만기 정기적금에 넣었다고 해보죠. 과연 마이너스 통장의 대출이 지금보다 늘었을까요? 적금 때문에 생활이 불편해졌을까요?"

"그럴 것 같지는 않아요. 그때도 세금 제하고 월 350만원 정도 받았으니 월 30만원이 없어도 별로 티도 안 났을 거예요. 마이너스 통장의 빚이 더 늘어났을 것 같지도 않고요."

"그렇지요? 만약 월 30만원을 5년 만기 적금에 넣었다면 지금 원금만 1,800만원이 됩니다. 오늘이 만기여서 그 돈을 받았다면 무엇을 하고 싶어요?"

"당연히 마이너스 통장의 빚부터 다 갚았겠죠. 그러고도 800만원이 남으니 유럽여행이라도 갈 것 같은데요?"

홍준 씨의 마이너스 통장은 왜 자꾸 늘어났을까요? | 홍준 씨는 최근 1년

동안에도 마이너스 대출금부터 갚으려고 했답니다. 저축은 차차 생각해보기로 하고요.

"그래서 빚은 좀 줄어들었나요?"

"아뇨. 부끄럽지만 마이너스 통장의 잔고가 1년 전 -800만원에서 지금은 -1,000만원이 되었어요."

"그렇습니다. 빚을 갚고 난 후에 저축을 하는 게 아니라 지금 저축을 해야 빚을 갚을 수 있습니다. 돈은 논리로 설명이 안 될 때가 있어요. 한번 쓰는 버릇이 생기면 바꾸기 힘들거든요. 홍준 씨의 경우에는 적게 쓰고 따로 목돈을 모아서 갚는 것도 효과적입니다. 오늘 또 저축을 하겠다는 결심을 하지 못하면 5년 후에 빚이 더 늘어날 수도 있어요. 그것을 막기 위해서라도 당장 저축을 해야 합니다."

그날 홍준 씨는 매월 50만원씩 저축하기로 했습니다. 당장은 저축이 빚부터 갚는 것보다 손해일 수 있습니다. 하지만 빚을 갚는 것은 이자의 문제가 아니라 습관의 문제입니다. 잘못된 돈 관리 습관은 저축하는 습관으로 고치는 것이 가장 좋은 방법입니다. 물론 홍준 씨는 이제 지출을 줄이는 습관도 같이 만들어나갈 것입니다.

목표 달성 후 다음 목표로? —돈을 순차적으로 모아선 안됩니다

20대 중에는 재테크를 열심히 하면 경제적 문제를 모두 해결할 수 있을 것이라고 생각하는 사람들이 제법 많습니다. 그런데 30대가 되면 '정말 열심히 모아야 가능하겠구나'라고 생각하는 사람들의 비율이 늘어납니다.

그런데 이때 사람들은 보통 경제적 목표들을 '순차적' 방법으로 이루려고 합니다.

사람마다 각자 결혼자금, 전세자금, 노후대비, 내집마련, 자녀 학자금 마련 등 다양한 재무목표가 있습니다. 돈을 순차적으로 모으려는 사람들은 전세자금 대출을 모두 갚은 다음에 내집마련을 위한 돈을 모으고, 내집마련을 한 다음에 자녀의 대학등록금과 은퇴준비를 시작합니다. 과연 이것이 가장 빠르고 효율적인 방법일까요? 그리고 우리가 자산을 관리할 때 빠르고 효율적인 방법만이 능사일까요?

여러 개의 목표를 동시에—돈은 병렬적으로 모아야 합니다

수능시험에서 국어·영어·수학 세 과목만 시험을 친다고 해봅시다. 가장 효과적으로 공부하는 방법은 무엇일까요? 1학년 때 국어를 마스터하고, 2학년 때는 영어, 3학년에 수학을 공부하여 1년에 한 과목씩 마스터하는 방식으로 하는 것보다, 3년 동안 매주 세 과목을 꾸준히 공부하는 것이 더 좋은 방법입니다.

재무목표도 한 가지를 이루고 다른 목표를 시도하는 것보다 여러 목표들을 병렬적으로 동시에 준비하는 것이 유리합니다. 어떤 재무목표의 경우에는 사정에 따라 달성하지 못할 수도 있고 그 목표를 이루기까지 지켜나가는 것도 매우 어렵기 때문입니다.

대출 없이 내집마련을 하기 위해 목표금액을 저축하는 것은 힘든 일입니다. 또 현실적으로 주택대출자금을 빨리 갚는 것보다 15년 이상 장기대출을 하는 것이 소득공제를 받을 수 있기 때문에 유리합니다. 또한 비록 대출이 일부 있더라도 연금에 미리 가입하는 것이 처음에는 손해인 것 같지만 나중에 받을 연금 수령액을 감안하면 더 낫습니다. 대출이자는 단리로 계산하지만 연금액은 가입 때부터 복리로 계산하기 때문입니다. 빚이 없더라도 마찬가지입니다. 특정 목적으로 저축을 한다고 가정해보면 이는 더욱 확실해집니다.

【질문】 앞으로 2년 후 여러분의 재무목표가 전세금 상승분 모으기, 차량구입, 해외여행 등 3가지라고 가정해보죠. 어떤 재무목표를 먼저 하겠습니까?

전세금이 최우선이므로 먼저 모으고, 그다음에 차를 살 돈을 모으고 나서 마지막으로 여행자금을 모은다면 2년 안에 3가지를 모두 이루기는 어렵습니다. 이렇게 한다면 하나를 이루기 위해서 다른 목표를 포기하거나 다른 적금을 깨서 사용할 수밖에 없습니다.

돈을 모으려면 인내심이 필요한데, 인내심을 가지려면 스스로에게 즐거움을 주어야 합니다. 전세금과 차를 살 돈을 모으기 위해서라도 여행을 통해 자신을 위로해주는 것이 여행을 포기하고 돈만 모으는 것보다 나을 수 있습니다. 우리는 단순히 돈을 모으는 것을 넘어 행복을 위해 살아야 하니까요. 대출금을 빨리 갚아야 하는 것은 맞지만, 돈 관리가 서툰 경우 이처럼 다른 방법을 선택할 수 있습니다. '돈을 순차적으로만 모아야 한다'는 것은 착각입니다.

02

우리네 사는 모습을 솔직하게 말해봅시다

부부 수입 각자 관리 VS 공동 관리 뭐가 더 좋을까요?

30대는 자산관리 상담을 가장 많이 하는 연령대입니다. 결혼을 앞두고 있거나 이제 가정을 이루어 돈을 본격적으로 벌어들이며 관리하는 시기이죠. 이들 30대가 가장 관심 있는 것 중 하나가 부부 간의 돈 관리 문제입니다.

이 문제는 정답이 없습니다. 가정마다 수입도 다르고 직업도 다르며 부부의 가치관도 다르니까요. 어떤 가정은 아내가 돈 관리를 잘하고 어떤 가정은 남편이 잘합니다. 이 부분은 각자 자기 가정에 맞게 서로 협의하여 진행하면 됩니다.

그런데 저는 3,000명이 넘는 30대 부부의 자산상담을 하면서 나름대로 느낀 점을 몇 가지 써 보려고 합니다. 이제부터 우리네의 사는 모습이 솔직한 목소리로 등장합니다.

남편 통장 지출 따로, 내 통장 지출 따로

이미연 씨(35세)는 부부가 각자 통장에서 항목별로 나누어 지출을 합니다.

"남편 통장에서는 아파트 융자 원금과 대출이자가 매달 100만원씩 빠져나가요. 아파트 관리비랑 가스비 등 공과금도 남편이 내요. 이게 월 30~40만원쯤 될 거예요.

제 월급에서는 생활비와 4세 딸의 어린이집 비용을 내지요. 생활비로는 120만원이 들고, 어린이집 비용은 정부 지원을 받지만 특강비 등의 명목으로 한 달에 평균 20만원은 쓰는 것 같아요. 남편과 제가 각각 130~140만원씩 지출하는 것이죠.."

부부의 가치관에 따라 월급을 각자 관리하는 것도 좋습니다. 하지만 이처럼 지출항목을 나누어 쓰는 것은 바람직하지 않습니다. 이렇게 하면 가정의 한 달 지출을 한눈에 볼 수 없어서 지출통제와 절약이 쉽지 않기 때문입니다.

맞벌이 부부가 통장을 각자 관리하기로 했다면, 공동 지출통장에 각각 생활비를 입금하고 이 통장에서 각종 생활비 등이 지출되도록 해 놓는 것이 좋습니다. 공동 지출통장에서 대출원금과 이자, 유치원비, 생활비 등이 빠져나가게 하는 것이지요.

남편(아내)의 월급을 잘 몰라요

공동 지출통장으로 관리하든, 돈 관리를 아내 또는 남편이 맡아서 하든 부부가 화목하고 돈이 잘 모인다면 무슨 문제겠습니까? 그래서 자산관리 상담을 할 때 이런 문제에 대해 잘 언급하지 않습니다. 부부 나름이고 정답은 없으며 둘이 뜻을 모아 잘 관리하면 되니까요. 그런데 가끔은 조금 황당한 경우를 만나기도 합니다.

"저는 실수령액이 300만원인데, 제 월급에서 자동차 할부금 50만원과 초등학생 두 명의 학원비 70만원을 내고, 아파트 관리비 등 각종 공과금이 평균 27만원 정도 빠져나가요. 그리고 제 보험료도 내고요. 아내는 식비 등 생활비를 담당해요. 아내 말이 생활비가 130만원쯤 든다네요. 아내의 수입요? 모르는데요. 한 200만원쯤 버는 모양인데 잘 모르겠어요."

간혹 남편들 중에는 아내가 자신의 월급을 알면 부모님 용돈도 맘대로 드리지 못하고, 뭘 하나 사는 것도 눈치가 보이거나 잔소리를 들어야 한다며 월급을 제대로 공개하지 않는 경우가 있습니다. 아내들도 이런 경우가 있고요. 부부가 서로 월급을 제대로 알려주지 않는 이유가 무엇인지 모르겠지만 이것은 좀 아닙니다.

각자 관리도 좋고 공동관리도 좋지만, 기본적으로 수입과 지출은 서로 투명하게 공개해야 합니다. 그렇지 않으면 장기적으로 가정경제에 문제가 생길 수도 있습니다.

남편이 무조건 똑같이 나누어 내야 한대요

맞벌이인 정혜원 씨(33세) 부부는 공동 지출통장을 만들어 놓고, 월급을 받으면 각자 생활비를 입금합니다.

"남편은 저와 동갑인데 세금을 뺀 실수령액이 300만원이 좀 넘고, 저는 220만원 정도 되어요. 베이비시터 비용이 120만원이고 작년에 전세값이 올라서 3,000만원 융자를 냈어요. 대출원금과 이자를 갚느라 한달에 170만원이 들어가고요. 정말 아끼고 사는데도 거의 420만원을 써요. 내년에 아이가 어린이집을 가면 베이비시터 비용이 줄어드니까 여유가 좀 생길 거라고 기대하고 있습니다.

그런데 남편이 월급을 받으면 공동 지출통장에 생활비를 똑같이 넣고, 나머지 돈은 각자 알아서 쓰자고 해서 210만원씩 내고 있어요. 남편은 월급이 300만원쯤이니 210만원을 내도 여윳돈이 있지만, 저는 정말 딱 10만원이 남아요.

회사가 집 근처라 점심 도시락도 싸서 다니고 교통비도 안 들긴 하지만, 적금 한 푼 못 넣으니 허탈해요. 남편은 적금을 얼마나 넣냐고요? 글쎄요. 지난번에 물어보니 1,000만원 정도 모았다는데 잘 모르겠어요."

혜원 씨의 말을 들으면서 제가 직접 본 사례가 하나 생각났습니다.

어떤 외벌이 남편이 12년 전에 식비 및 잡비로 아내에게 딱 40만원을 부쳐주고 월급통장은 본인이 관리했다고 합니다. 공과금이나 보험, 주택 대출 원금 및 이자는 본인 통장에서 냈고요. 아내에게 연봉이 4,000만원 정도라고 했지만, 실제로 수당, 보너스 등을 합하면 5,000만원이 넘었습니다.

보통 외벌이 가정에서도 아내가 돈 관리를 맡아서 하고 남편은 용돈만 받는 경우도 꽤 있지요. 그는 그런 회사 남자 동료들에게 호기롭게 말하곤 했습니다.

"난 참 이해가 안 돼. 왜 그러고 사냐?"

그는 아내가 초등학교 저학년인 딸이 배우고 싶어하는 바이올린을 가르치고 싶다고 하자, "전공할 것도 아닌데 학원은 왜 보내냐?"며 거절했습니다.

아내는 딸이 초등학교 2학년이 되자, 지인의 소개를 받아 일을 시작했습니다. 수학과를 나온 경험을 살려 초등학생 대상으로 수학 공부방을 시작한 것입니다. 처음에는 학생도 겨우 두세 명이라 수입이 별로 되지 않았습니다. 하지만 그녀는 돈을 벌게 되자 딸을 바이올린 학원에 보낼 수 있어 기뻤습니다. 차차 중학생이나 고등학생 과외도 맡게 되었고 몇 년 뒤에는 벌이가 꽤 되었습니다. 아내는 보통 월 400만원 이상, 어떨 때는 500~600만원을 벌지만 남편에게 말하지 않았습니다. 공동 지출통장에 남편과 같은 금액인 100만원을 내고, 아이를 학원에 더 보내고 싶을 때는 자기 돈으로 보냈지요.

그런데 남편이 40대 중후반에 갑자기 회사를 그만두게 되었습니다. 그가 모은 돈은 6,000만원으로 월급에 비해 많지 않았습니다. 술

값은 별로 안 썼지만, 얼리어답터로서 새로운 핸드폰, 컴퓨터, 자전거를 자주 바꾸고 낚시를 좋아해서 주말이면 전국 팔도를 자주 돌아다녔습니다. 부모님께 용돈을 매월 넉넉히 드리고 여행도 보내드리고 전자제품도 번번이 바꾸어 드렸지요. 그러다 보니 이래저래 나가는 게 많아 돈을 많이 모으지 못했던 것입니다. 그런데 이제 나이가 있으니 재취업도 쉽지 않았고, 6,000만원과 퇴직금으로 차린 가게는 2년째 겨우 용돈벌이만 하고 있습니다.

반면 아내는 그동안 알뜰하게 저축하여 돈을 꽤 많이 모았습니다. 하지만 남편은 그녀가 목돈을 얼마나 가지고 있는지 모릅니다. 아내는 생활비 40만원이 적어서 남편에게 말했을 때 "그 돈을 벌써 다 썼어? 집에서 뭐하는 게 있다고? 살림 좀 제대로 해"라며 매몰차게 대하고, 딸의 바이올린 학원비를 단번에 거절했던 것에 대한 섭섭함이 아직도 남아 있는 모양입니다. 부부가 동상이몽이니 재테크가 잘될 리가 없지요. 이야기를 들으며 씁쓸했던 기억이 납니다.

자본주의 사회는 기본적으로 '능력에 따라 일하고 그 능력만큼 벌어서 소비하는 사회'입니다. 하지만 가정은 '각자가 능력에 따라 일하되 필요에 따라 소비하는 작은 사회'입니다.

부부의 가치관이나 사정에 따라 외벌이를 하든 맞벌이를 하든, 아내가 많이 벌든 남편이 많이 벌든, "너는 얼마 버니까 요만큼 쓰고, 나는 얼마 버니까 요만큼 쓰고" 무 자르듯이 하는 게 아니라 부부가 합심할 때 비로소 돈이 잘 모입니다.

먹는 것만큼은 돈을 아끼지 않습니다

"우리 집은 식비가 100만원이에요. 4세 아이가 있는 3인 가정으로서는 식비가 좀 되는 편이지요. 다른 돈은 아껴도 먹는 데는 안 아껴요. 비싸더라도 질 좋은 재료를 사죠. 특히 어린아이가 있으니 유기농 재료만 써요. 먹는 게 남는 거라잖아요."

"결혼을 좀 일찍 했어요. 34세인데 애가 벌써 초등학교 3학년이지요. 우리는 아이를 학원에 보내지 않아요. 아내가 홈스쿨링 사이트에서 엄마표 영어 커리큘럼을 참고하여 3년째 직접 가르치고 있어요. 영어학원은 초등학교 5학년쯤에 보내려고요.

학교에서 방과후 피아노와 줄넘기만 하고 있는데 모두 합해 한 달에 13만원쯤이에요. 이 동네에서는 사교육비를 정말 적게 쓰는 편이죠. 대신 아이의 독서와 체험활동에는 신경을 많이 써요. 관람료나 도서 구입비, 여행비를 많이 씁니다."

"부부의 세후 월수입이 800만원, 연 수입이 9,600만원인데 왜 1년 피복비가 150만원밖에 안 되냐고요? 초등학생 아들이 둘인데, 아이들 옷은 비싼 브랜드를 안 사고 1~3만원 정도 수준에서 구입하죠. 둘째는 물려입히고요. 애들 가방도 1~3만원대도 괜찮은 거 많아요. 저도 10만원 이상의 가방을 산 적이 없어요. 워낙 그런 것에 관심이 없고 남의 눈도 의식하지 않는 스타일이에요.

대신 온 가족이 여행을 좋아해서 자주 갑니다. 내년에는 방학 때 유럽여행을 한 달 동안 가려고요. 그런데 요즘에는 너무 무심한 것 같아서 피복비를 좀 늘릴 생각이에요. 다른 가정들은 피복비를 대략 얼마나 쓰나요?"

한 가정의 지출 항목을 보면 특성이 있고, 그 가정의 상황과 가치관 등을 엿볼 수 있습니다.

지출 항목만 보아도 가족의 미래가 보입니다 | 흔히 자산관리를 돈 문제로만 보는 사람들이 있습니다. 그러나 그렇지 않습니다. 돈은 '어떻게 모으냐'도 중요하지만 '어디에 어떻게 쓰느냐'도 중요합니다. 돈을 모으는 과정과 그 돈을 어떻게 쓰는지는 결국 삶의 목표, 가치관과도 연결되어 있습니다.

부부가 투명하게 돈을 관리하는 과정은 곧 서로의 현재와 미래를 공유하는 과정이기도 합니다. 그러므로 배우자에게 월급이 얼마인지조차 제대로 밝히지 않거나, "생활비를 내면 되는 것이지, 내가 번 돈을 내 맘대로 쓰겠다는데 왜 간섭이냐?"는 태도는 재고해볼 필요가 있습니다.

방법이 어떻든 관리 담당자는 있어야 합니다

"통장을 각자 관리하자", "공동 관리가 낫다." 부부간의 이런 실랑이도 주로 30대 초중반에 있는 일입니다.

40대가 되어 결혼 연차가 늘어나고 아이들이 크면 돈 관리가 복잡해집니다. 지출 항목은 점점 복잡해지고, 이를테면 학원비만 봐도 특강·방학특강 등으로 일정하지 않고 들쑥날쑥합니다. 게다가 그동안 모은 돈도 굴려야 합니다. 돈 관리는 수입이 늘어나고 지출이 커질수록, 그동안 모은 목돈의 규모가 커질수록 점점 복잡해집니다.

30대 부부 중에서 돈 관리를 잘해오고, 부부간에 신뢰가 있는 경우 이런 말을 하는 사람들도 있습니다.

"우리도 처음에는 통장을 각자 관리를 했어요. 그런데 결혼하고 몇 년 지나니 그동안 재무목표도 공유하게 되었고, 씀씀이에 대해서도 어느 정도 합의가 되었죠. 맞벌이로 바쁜데 남편은 남편대로, 저는 저대로 돈 관리를 따로 하니 일을 두 벌로 하는 셈이더군요. 그래서 이제 우리집의 돈 관리는 제가 담당하고 있어요."

결혼 연차가 늘어나면 돈을 잘 관리해 온 부부들은 위와 같은 말을 하는 경우가 많습니다. 실제로 40대 맞벌이 주부의 말입니다.

"당신이 통장관리 좀 하면 안 될까? 나도 너무 바쁜데 골치 아파."

결국 40대쯤 되면 부부가 서로 투명하게 공유하되, 남편이든 아내든 돈 관리를 더 잘하는 사람이 주도적으로 맡아 관리하게 되는 경우가 많습니다. 회사에서도 일마다 꼭 담당자를 지정합니다. 그래야 일이 잘 관리되고 마무리된다는 것을 알기 때문입니다. 가정 또한 마찬가지입니다. 40대는 누군가 확실한 담당자가 있어야 돈이 더 잘 모인다는 것을 그동안의 경험으로 알기 때문입니다.

03

부모님 부양곡선과 자식의 소득곡선

효도도 장기 계획이 필요합니다

우리나라 60대 중에서 50% 이상이 노후준비가 부족하다는 통계가 있습니다. 이는 결국 지금의 20~40대 중 2명의 1명꼴로 부모님의 노후를 부양해야 한다는 것이지요. 부모님의 노후부양 문제 또한 사정이 집집마다 매우 다릅니다.

"사시면 얼마나 사신다고, 너 이기적이다"

"부모님께 생활비를 매월 40만원씩 드리자. 형도 40만원을 낸다고 했고, 누나네도 똑같은 금액을 부친다고 했어. 우리가 맞벌이로 월 400만원을 버는데 부모님께 고작 40만원도 못 드리냐? 우리 부모님이 사시면 얼마나 더 사신다고 그러냐? 너 그렇게 안 봤는데 정말 이기적이고 야박하다."

"내가 전혀 안 드리자는 게 아니잖아. 주택담보대출 원금과 이자만도 한 달에 100만원이 넘게 나가. 우리 사정에 월 40만원은 버거워.

부모님이 국민연금도 받으니 조금 줄여서 드리면 안 되겠냐는 거지. 우리 엄마한테는 명절이나 생일에만 겨우 10만원 드리는데…….”

“장모님은 월세가 100만원 나오잖아. 거기서 장모님 이야기는 왜 나오냐?”

손강수 씨(37세)는 아버지가 만 65세이고 어머니는 만 62세입니다. 다행히 부모님이 24평 빌라를 가지고 있어 주거비 걱정은 없는데, 그나마 있는 돈도 지금 사는 빌라를 살 때 다 넣어서 현재 가진 돈이 2,000만원밖에 없습니다. 국민연금이 조금 나오지만 부족하여 자식들이 생활비를 도와드리는 중입니다.

강수 씨는 지금 아내에게 매우 화가 나 있습니다. 평소엔 부부 싸움이 별로 없는데 이 문제만 나오면 다투기 일쑤입니다. 부모님을 생각하는 그의 마음은 백번 이해가 갑니다. 이게 참 예민한 문제입니다. 그래도 제가 그동안 수천 쌍의 부부 재무상담을 하면서 느꼈던 몇 가지를 말씀드리고 싶습니다.

노후부양 사이클을 이해해야 합니다

노후부양 20~40년 | 아주 어릴 때 동네어른이 장례식에 참석하고 와서 “그래도 환갑은 넘겼으니”라고 하는 걸 들은 기억이 있습니다. 그때는 70대 초반에 돌아가신 분의 장례식에 갔다오면 ‘살 만큼 산 나이’라고 하던 시절이었죠. 80대가 되어 돌아가신 분은 정말 가뭄에 콩 나듯이 있었는데 주변에서 장수하셨다고 화제가 되었고 ‘호상’이라

부모님 부양곡선과 자식의 소득곡선

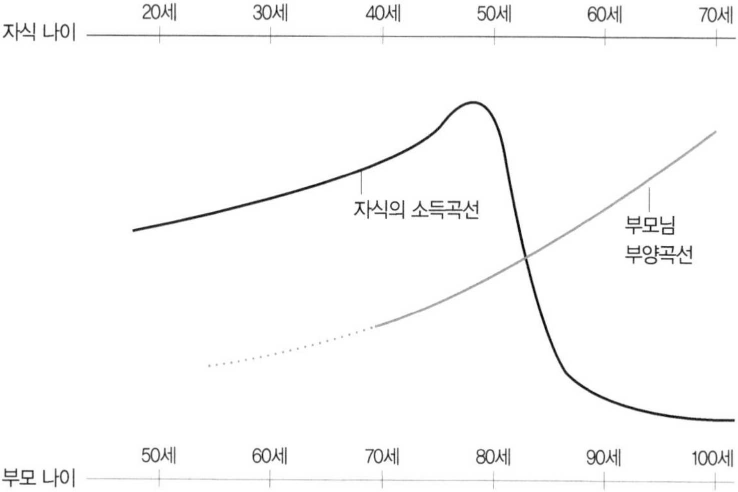

고들 했습니다. 그 시절에 부모님의 노후부양은 대체로 10여 년, 길어야 20년 정도였습니다. 하지만 지금은 평균수명이 길어졌기에 부모님의 노후부양 기간을 20~30년은 잡아야 하고, 주변에서 부모님을 40년 이상 부양하고 있는 사람들도 가끔 봅니다.

부모님 노후부양 부담이 왜 더 커질까요? | 현재 60,70대의 부모님들은 대체로 노후가 지금처럼 길지도 않았고, 형제가 보통 4~6명은 되었으므로 십시일반으로 조금씩 보태면 됐습니다(물론 혼자 감당하느라 고생인 분들도 있지만요). 하지만 지금 20,30대는 형제 수가 그보다 적습니다. 그러다 보니 다른 형제가 일자리가 없어서 돈을 벌지 못하거나 벌이가 너무 작으면 한쪽에서 모두 감당하는 경우도 있습니다.

게다가 60대의 부모님들은 대체로 농촌에 거주하는 경우가 많았기에 주거비 걱정이 적고, 작은 농토와 텃밭에서 먹거리를 해결하는 경우가 많아서 생활비와 용돈을 그리 많이 드리지 않아도 되었습니다. 그런데 지금 20,30대의 부모님들은 도시 거주자가 많아서 움직이면 모든 게 돈이지요. 그러니 노후부양 부담이 더 클 수밖에 없습니다.

노후부양 곡선은 갈수록 올라갑니다 | 상황이 이렇다 보니, 효도도 노후부양의 사이클에 대해 잘 알고 계획성 있게 해야 합니다.

앞의 그래프에서 부모님에 대한 부양곡선을 보죠. 노후부양은 갈수록 돈이 많이 듭니다. 현재는 부모님이 경비일 등으로 돈을 조금 벌고 있더라도 연세가 더 들면 일을 그만두게 될 것이고, 그때는 부족한 생활비를 자식들이 보태드려야 합니다.

무엇보다 병원비와 간병비가 문제입니다. 건강한 노인이라도 70대 중후반이 되면 병원비가 늘어나기 시작합니다. 적은 해에는 100만원, 300만원, 어떤 해에는 500만원이 넘게 들기도 합니다. 큰 병에 걸린 경우라면 병원비 및 간병비가 1,000~2,000만원씩 나오지요. 나이가 들수록 치매 발병률도 높아지는데, 80세 이상 노인 5명 중 1명은 치매에 걸린다는 통계도 있습니다. 치매가 심해지면 요양원에 모셔야 하는데, 노인장기요양보험이 된다고 해도 본인 부담금으로 보통 월 60만원 내외가 듭니다. 중간에 아프시면 병원비가 따로 더 들고요. 그러므로 다음과 같은 말씀을 드리고 싶습니다.

민감한 문제일수록 터놓고 이야기해야 합니다

첫째, 가끔 50대 중후반부터 자식들에게 노후 도움을 받는 경우가 있습니다. 그러나 저는 부모님들이 좀더 오래 일을 했으면 합니다.

50대 중후반부터 일을 그만두고 자식네에게 의지할 경우, 자식들의 부모님 노후부양 기간이 30~40년이 되는 시대입니다. 그런데 20~30년 후에는 자식도 50,60대가 되어 소득이 줄어들고 일자리를 잃는 경우도 있습니다. 게다가 이때는 아이들이 고등학생이나 대학생으로 한창 교육비가 드는 시기이기도 합니다. 그러므로 노후가 길어진 시대이니 자식들의 힘을 덜어주기 위해서라도 조금 더 늦게까지 일하는 것을 고려해 보았으면 합니다.

둘째, 집안의 자원(돈)은 도토리와 같습니다. 우리는 한정된 자원을 벌어들여 생활비, 내집마련, 자녀들의 교육자금, 부부의 노후자금, 그리고 부모님의 노후부양까지 해야 합니다.

부모님께 잘해드리고 싶은 마음은 충분히 이해하지만, 가끔 경제상황에 비해 부모님이 자식들에게 과도한 바람을 가지고 있고, 또 자식이 이를 들어드리는 경우가 있습니다. 돈이 많다면야 뭐든 다 해드리고 싶겠지만 적절한 조절도 필요합니다.

가정의 도토리를 한쪽에 지나치게 많이 쓰면 가족 중의 누군가는 덜 가질 수밖에 없고, 그것은 장차 손주들의 부담으로 돌아갈 가능성이 있습니다. 나중에 아이들이 학자금 대출을 많이 받아야 하거나, 대를 이어 노후준비를 못한 부모님을 부양해야 하는 결과로 돌아올 수 있습니다. 그러니 예민한 문제입니다만, 합리적으로 생각하여 결정했으면 합니다.

셋째, 30대들에게는 이런 말씀을 드리고 싶습니다. 부모님에 대한 노후부양도 처음에는 작게 시작하십시오.

자식이라면 부모님에게 더 해드리고 싶은 마음은 누구나 같을 것입니다. 그렇지만 부부의 노후도 준비해야 하고 아이들도 키워야 합니다. 또 부모님 연세가 더 많아졌을 때를 대비하여 젊은 부부가 얼른 경제적 기반을 잡는 것이 더 중요합니다. 그래야 40~60대가 되었을 때 경제적 부담을 덜 느끼며 80~90대 부모님에게 잘해드릴 수 있습니다.

그러니 아쉽더라도 처음에는 적게 드리세요. 앞에서 나온 강수 씨네 3형제가 부모님께 생활비를 40만원씩, 매월 120만원을 드려야겠다고 생각했다면, 부모님이 국민연금도 받고 있으니 차라리 지금은 20~30만원씩만 드리고 훗날 병원비 · 요양비 등을 대비하여 따로 각자 효도 적금을 10만원씩 넣는 것이 더 나은 선택입니다. 돌아가시는 날까지 건강하셔서 그 돈이 쓰이지 않는다면 좋은 일이고, 만약 큰 병원비가 필요한 일이 생긴다면 요긴하게 쓰일 것입니다.

집집마다 사정이 다르니 일률적으로 말할 수는 없지만, 이 첨예한 부모님 부양 문제에 대해서도 장기계획이 필요하다는 말씀을 꼭 드리고 싶습니다.

04

돈이 쌓이는 게 눈에 보입니다

은서 씨의 사교육비 절약 통장에 7,000만원이 모였습니다

2017년 우리나라 초중고생의 1인당 월 평균 사교육비는 27만1,000원입니다(통계청, 초중고 사교육비 조사). 중학생은 29만1,000원으로 가장 높고 고등학생은 28만4,000원입니다. 하지만 저는 여기에 평균과 통계의 허수가 있다고 봅니다. 사교육을 전혀 시키지 않는 가정까지 포함한 수치니까요. 재정상담을 많이 한 제 경험으로는 강남이 아니라 신도시만 되어도 초등학생 1인당 사교육비가 적게는 30~40만원, 많게는 80~100만원에 육박하는 가정도 심심찮게 봅니다.

누구나 하는 생각, 그러나 균형잡기가 힘듭니다

실제로 은퇴에 관한 설문조사를 보면 자녀에 대한 투자가 가장 큰 걸림돌인 경우가 많습니다. 이렇게 많은 투자를 하는 이유는 자녀에 대한 기대 때문이지요.

사교육비를 많이 들이는 이유도 다른 아이들보다 더 잘 키우고 싶다는 생각도 있지만, 그렇게 해야 자녀가 훌륭해지고 나중에 부모의 고마움을 알게 될 것이라고 생각하기 때문입니다. 내 자식들은 분명 그렇게 될 것이라고 기대하는 거죠. 안타깝게도 그런 생각은 기대만으로 끝날 가능성이 높습니다. 사교육비를 많이 쓴다고 해서 자녀가 공부를 잘하게 되는 것은 아니니까요. 물론 비싼 학원비를 내고 열심히 공부하는 아이들도 많겠지만 전기세를 내러 다니는 아이들도 많지요.

40대 맞벌이 주부, 사교육비에 대한 솔직한 목소리

신도시에 살고 있는 맞벌이 주부 양은서 씨(45세)의 이야기를 들어보죠. 사교육비 문제는 학부모들끼리도 쉬쉬하는 사적인 부분이라 가명으로 했습니다.

"중학교 2학년 아들, 초등학교 6학년 딸이 있어요. 사교육비 문제가 참 어려워요. 사교육을 넋 놓고 많이 시킬 수도 없고, 그렇다고 안 시킬 수도 없으니까요. 사교육으로 선행학습을 하는 아이들이 많다 보니 선생님이 수업을 할 때도 그걸 감안해서 가르치거든요. 자칫 넋을 놓고 있다가는 나중에 후회하게 되죠."

"지금 사교육비는 얼마나 드나요?"

"영어 학원비가 두 아이 모두 40만원씩 80만원이에요. 학원비는 20

만원대 후반이지만 온라인 학습비 등을 합하면 그렇게 되죠. 중학교 2학년 아들의 수학 학원비가 28만원이고 딸은 수학을 남편이 봐주고 있어요. 딸이 방과후 바이올린을 하는데 9만원이에요. 모두 합해 114만원이네요."

"헉, 그렇게나 되나요?"

제가 놀라자 은서 씨가 말했습니다.

"우리보다 적은 집도 있겠지만, 이 동네에서 사교육비를 많이 쓰는 집은 절대 아니에요. 특목고 준비하는 중학생은 한 달에 150~200만원을 잡아야 한다는 이야기도 들었으니까요."

"많이 부담되겠어요."

"네, 고민이 많아요. 딸이 중학생이 되면 더 늘어날까 봐 걱정도 되고요. 이것도 남편이 퇴근 후에 딸의 수학과 영어문법을 봐주고 있어서 아끼는 거예요. 저학년 때까지는 엄마표·아빠표로 사교육비를 아꼈고요. 아이들을 면밀히 관찰하며 남편과 의논을 자주 하고 있어요. 저는 공부도 그릇이 있다고 생각하거든요. 공부 쪽이 아니다 싶으면 사교육비를 줄여서 아이가 다른 길을 가게 하는 게 낫겠다 싶어요."

사교육비에도 기준이 필요합니다

"혹시 사교육비와 관련해 정해 둔 기준이 있나요?"

"사교육비를 우리집 월 소득의 15%를 넘기지 않겠다는 거예요. 사교육비를 아낀 것은 따로 '사교육비 절약 통장'에 저축해놓았어요."

"기준을 월 소득의 15% 안으로 정한 이유가 있나요?"

"집안의 자원은 한정되어 있고 효과적으로 분산해서 써야지요. 맞벌이를 계속 해왔고 둘다 월급이 좀 되기에 지금도 사교육비 비중은 15%보다 꽤 낮아요. 애들이 어릴 때 영어 유치원을 보낼까 고민한 적이 있는데 그러면 사교육비가 소득의 20%를 넘더라고요. 그래서 영어를 엄마표 공부로 하기로 하고, 나머지 돈은 '사교육비 절약 통장'에 넣었지요. 다행히 지금 후회는 안 해요. 물론 어릴 때는 영어 유치원 아이들보다 영어 실력이 처지긴 했지만, 지금은 빠르게 쫓아가서 격차를 별로 못 느끼거든요. 어릴 때부터 하루 1시간 반씩 매일 공부해 왔으니까요."

은서 씨는 왜 사교육비 절약 통장을 만들었을까요

"사교육비를 줄이는 데 통장을 활용하는 이유가 있나요?"

"이게 해보니 꽤 효과가 있어요. 사실 사교육비를 월 소득의 5%든 10%든 20%든 각 가정마다 선은 정하기 나름이겠죠. 하지만 기준을 정하고 넘지 않으려고 하면 자연히 방법을 생각해내게 되더군요. 가족이 노력한 만큼 돈이 쌓이니 신나서 더하게 돼요."

"통장을 활용해 사교육비를 아낀 구체적인 사례가 있나요?"

"보통 초등학교 4~6학년에 영어학원에서 문법특강을 듣는데, 특강 20회에 50만원쯤 해요. 교재비는 따로 내야 하고요. 우리는 아빠표로 하기로 하고 4권짜리 책을 선택하고 스케줄을 짰죠. 처음에는 공부습관을 잡는 데 시간이 걸렸지만 습관이 되면 곧잘 하더군요. 덕분에 두 아이의 영어문법 특강비 100만원을 아낀 셈이죠."

"아이들의 불만은 없나요?"

"아이들도 사교육비 절약 통장의 의미를 정확하게 이해합니다. 사교육비에 너무 많은 돈을 쓰면 아빠, 엄마의 노후가 힘들어진다는 걸 알고 있어요. 사교육비를 많이 아끼면 가족끼리 상을 줘요. 애들이 평소 가지고 싶어했던 선물을 사주거나 여행도 가고요."

갑자기 은서 씨네 사교육비 절약 통장에 지금 얼마나 저축되어 있는지 궁금했습니다.

온 가족이 신나는 사교육비 절약 통장

"지금 사교육비 절약 통장에 얼마나 모았나요?"

"사교육비 절약 통장은 참 신나는 통장이에요. 온 가족이 힘을 합해 채워가는 통장이니까요. 지금은 7,000만원이 훌쩍 넘게 들어 있어요. 영어유치원비를 절감한 돈도 있고, 초등학교 저학년 때까지는 예체능 학원 정도를 보냈으니까요. 지금 추세로 봐서는 두 아이의 대학 등록금은 나올 것 같아요."

저는 은서 씨의 말을 듣고 깜짝 놀랐습니다.

"헉, 생각보다 꽤 큰돈이 모였네요."

"그럼요. 사교육 부담이 워낙 크니까요. 돈이 모이는 걸 직접 눈으로 보니까 부모표 공부가 더 신이 나죠. 아이들은 대학 등록금을 스스로 벌어 마련해야 한다고 알고 있어요. 그렇게 가르치고 있거든요. 그래서 애들도 어릴 때부터 용돈이나 세뱃돈, 친척들이 준 돈을 모으고 있어요. 큰 아이는 지금 230만원을 모았고, 작은 아이는 198만원을 모았어요. 작은 아이의 통장이 200만원이 되면 지금까지 모은 돈으로 1년 만기 정기예금을 들어주기로 했어요."

누구나 자신의 아이가 뒤처지지 않기를 바라고 쫓기는 마음이다 보니 사교육비는 통제하기가 힘듭니다. 은서 씨의 이야기가 참고가 될까 해서 소개해보았습니다. 사교육비를 쏟아붓는다고 공부를 잘한다는 보장도 없고, 앞으로는 공부만 잘 하면 성공하는 시대도 아니죠. 아이가 좋아하는 일을 할 수 있게 이끌어주어야 합니다. 자녀에게 무작정 올인하는 투자를 통제하는 것이 필요한 시대입니다.

05

안타까운 사정에 처한 20,30대에게 드리는 글

부모님의 빚에 쪼들리는 분들에게

지수 씨를 처음 만난 것은 2011년 5월입니다.

"부모님이 부동산 투자에 욕심을 냈다가 큰 빚을 졌어요. 제가 보증을 선 것이 2억원입니다. 열심히 일해서 벌어도 보람이 없어요. 빚을 갚지 않는 방법이나 파산 방법에 대해서 조언을 해주었으면 합니다."

지수 씨의 어두운 얼굴빛이 이해가 되었습니다. 30세도 안 된 나이에 그 많은 빚을 떠안았으니 버티고 있는 것만으로도 대단하다는 생각이 들었습니다.

당시 지수 씨는 홍보대행을 전문으로 하는 문화 마케팅 회사에서 기업 마케팅을 담당하고 있었는데, 그 회사는 기업홍보 대행만으로는 승부가 나지 않을 것 같다는 판단으로 뮤지컬과 패션으로 사업을 확장했으며, 그녀는 핵심 직원으로 업무를 총괄했습니다. 그러나 회사의 매출이 크게 줄었고 끝내 퇴사할 수밖에 없었습니다.

그녀는 문화 마케팅 사업을 직접 하고 싶었지만 빚 때문에 시작할

엄두를 내지 못했습니다. 새로운 회사에 입사해서 돈을 벌더라도 전부 빚을 갚는 데 써야 하는 상황에 무력감을 느끼고 있었습니다. 그렇게 자신감을 잃은 상태로 3개월 넘게 집에서 생활했다고 합니다. 함께 살던 동생은 지수 씨가 우울증이라고 생각해 혼자 두는 것을 불안해할 정도였다고 하니, 그녀가 정신적으로 얼마나 힘든 시기를 보냈는지 공감이 갔습니다.

그런데 다행히 문화 마케팅에 관심이 있던 대기업으로부터 사업을 시작하면 거래를 하겠다는 확언을 받았습니다. 지수 씨는 부모님의 빚에서 어떻게 하면 달아날 수 있을지 상담하러 왔지만, 저는 갚아버리는 게 더 좋을 것 같다고 했습니다. 안타깝지만 젊은 나이에 신용불량자가 되는 것보다 사업으로 빚을 갚는 것이 미래를 위해서 더 현명한 방법이라고 생각했기 때문입니다.

"사업을 직접 하고 싶지만 빚을 감당할 수 있을지 두려워요. 프리랜서로 일하자니 체계적으로 성장하기가 어려울 것 같고요. 제가 너무 욕심이 많은 거죠?"

욕심이란 남의 것을 탐하는 것, 노력하지 않고 꿈만 꾸는 것이지요. 그런데 그녀는 해보고 싶다는 열정, 답답함을 피하고 싶은 본능, 자신에 대한 기대 등이 뒤섞여 있는 상태였습니다. 이것은 절대 욕심이 아닙니다. 어린 나이에 빚에 짓눌려 있었으니 마음이 많이 복잡했을 것입니다.

"지수 씨, 그것은 욕심이 아니라 열정이고 자신에 대한 기대가 큰 것이에요. 그럴 때는 열정으로 기대를 채우면 됩니다. 지금까지의 생활만 보더라도 충분히 해낼 사람 같으니 받아들이고 맞서보세요."

지수 씨는 고민 끝에 부모님에게 선 보증을 자신의 대출로 승계하기로 결정했고, 3개월 정도 준비 끝에 문화기획 전문회사를 시작했습니다. 그녀의 회사는 문화 마케팅을 기초로 해서 다양한 콘텐츠를 기획/제작하고 이를 홈페이지, 블로그, 페이스북 및 오프라인 잡지에 제공하거나 기업의 문화행사 프로모션 등을 기획합니다. 다행히 유명 백화점과 국립극장 등에 문화 콘텐츠를 공급하게 되면서 운영기반을 확보했습니다. 이제 그녀 얼굴에도 웃음이 찾아왔습니다.

앞에서 소개한 지수 씨는 수년 전에 부모님 부채에 대한 연대 보증으로 고통을 받은 경우입니다. 그런데 다행스럽게도 연대보증 제도는 제1은행권은 2012년 5월부터, 제2금융권은 2013년 7월부터 폐지되었고, 대부업도 2019년 1월 1일부터 신규 취급하는 개인 대출 계약에 대한 연대보증이 폐지되었습니다.

가족끼리도 경제적으로 한배에 타는 것은 신중하게 고민해야 합니다. 그러다가 온 가족이 빚의 구렁텅이에 빠질 수 있습니다. 한 사람이 망하더라도 다른 가족이라도 든든하게 삶을 꾸리고 있어야 하다못해 쌀이라도 사주고 병원비라도 도와줄 수 있습니다. 40,50대는 삶의 경험이 많아서 부모님의 빚에 제대로 대처하지만, 20,30대는 간혹 안타까운 처지에 놓이는 경우가 있습니다. 자주 접할 수 있는 경우를 두 가지만 살펴보겠습니다.

부모님 빚에 대처하는 요령

한지숙 씨(28세)는 직원이 150명인 중소기업에 다니는데, 그동안 학자금 대출을 다 갚고 2년 전부터는 월급의 60%를 저금하는 알뜰한 사람입니다. 그런데 어느 날 만났더니 얼굴이 매우 어두웠습니다.

"머리가 너무 아프고 힘들어서 약속을 취소할까 하다가, 휴……, 그저께 모 은행에서 저에게 전화가 왔어요. 아버지가 계속 갚지 않은 빚이 5,000만원이나 있다고요. 사실 우리 아버지가 좀 그렇거든요. 예전에도 카드를 빌려드렸더니 카드대금을 500만원이나 안 갚아 제가 아르바이트를 해서 갚느라 정말 힘들었는데, 그걸로 끝인 줄 알았는데…….

그동안 은행에서 아버지에게 독촉을 했나본데, 작년에 집을 나가셔서 지금은 연락조차 안 돼요. 부모님은 수도권의 작은 도시에서 보증금 1,000만원에 월세를 사세요. 어머니는 전화하며 울고 저도 빚을 갚으려니 앞이 캄캄해요."

지숙 씨는 보증을 서준 것이 아니므로 아버지가 살아 있는 한 자식이 빚을 갚아야 할 의무가 없으며, 자식의 소득이나 재산이 압류당할 일도 없습니다.

다만 나중에 아버지가 사망하면, 빚이 재산보다 큰 경우에는 3개월 안에 상속포기나 한정승인을 해야 합니다. 한정승인은 빚을 아버지의 재산 안에서 갚겠다는 것으로, 이 제도를 이용하면 주위 친척들에게 예측하기 어려운 피해가 가는 것을 막을 수 있습니다.

가끔 20대나 30대 초반의 사회 초년생이 이것을 모르고 얼떨결에 부모님의 빚을 갚는 경우가 있는데 그러지 않아도 됩니다. 분명한 것은 부모님이 살아 있는 한 절대 자식이 빚을 갚을 의무가 없다는 것입니다. 정히 부모님이 빚을 갚을 수 없다면 개인회생이나 파산 제도를 이용하면 됩니다.

그 은행의 담당자가 지숙 씨에게 전화해서 "아버지의 빚을 대신 갚는 것이 어떻겠어요?"라고 한 것은 불법 추심 행위에 속합니다. 전화를 계속하면 녹취를 한 후 금융감독원에 신고하면 됩니다.

김지원 씨(32세)는 결혼 1년 된 맞벌이 주부입니다. 남편은 중견회사의 대리이고 지원 씨는 서울시의 9급 공무원입니다. 최근 고민이 많다고 털어놓았습니다.

"결혼 때 양가 부모님의 도움을 받지 않았고 20평 아파트를 반전세로 얻어 시작했어요. 둘이 벌면 금방 경제적 기반을 다질 수 있겠다고 생각해서 그리 걱정하지 않았어요. 남편이 결혼 전에 시댁 생활비를 조금 도와드린다기에 그런가 보다 했고요.

그런데 알고 보니 부모님이 경기도 모 도시에서 42평 아파트에 살고 있는데 융자가 1억8,000만원이래요. 시가는 3억원쯤 하고요. 아버님 연세가 60세인데 내년이 정년이에요. 달리 가진 돈이 없으시니 당장 생활비부터 걱정이지요. 남편과 아버님은 그 집의 주택담보대출금을 우리 부부가 갚는 게 어떻겠냐고 해요. 어차피 나중에 우리 집이 될 거라고요. 어떻게 하면 좋을지 모르겠어요."

최근 결혼을 한 20,30대에게서 이런 사연을 자주 만나게 됩니다. 50, 60대들이 무리하게 집을 샀다가 은퇴 시기가 닥쳐서 대출을 갚지 못하고 그 부담이 자식들에게 넘어오는 상황입니다.

제 생각에 지원 씨의 경우 시부모님이 현재의 아파트를 팔아서 융자를 갚고 작은 곳으로 이사하는 게 더 나은 선택일 것 같습니다. 나이가 들어 소득이 줄어들거나 없는 상황에서 이자도 부담될 것이고, 융자 원금을 갚는 것은 더 힘들 것이며, 큰 평수의 아파트는 관리비도 많이 나오니까요. 집안마다 사정이 다르니 일률적으로 말하기는 어렵지만, 웬만하면 부모님의 빚을 떠안기보다는 그 아파트를 팔아서 대출금을 없애거나 줄이고, 혹 남는 돈이 있다면 부모님의 노후에 쓰는 것이 더 나은 선택으로 보입니다.

06

돈에는 논리보다 심리가 더 많이 작용합니다

돈 빌리는 기술, 돈 빌려주는 기술

【질문】 대출 5,000만원을 갚는 것, 또는 목돈 1억원을 모으는 것 중에서 어느 쪽이 더 어려울까요?

저는 주저 없이 "대출금 5,000만원을 갚는 것이 훨씬 더 어렵다"고 말합니다. "어휴, 지긋지긋한 대출금을 이제야 다 갚았네. 다시는 은행에서 돈을 빌리지 말아야지!" 금융회사에서 근무할 때 주택담보대출금을 마저 갚으면서 이런 말을 하는 사람을 자주 보았습니다.

"수도권의 작은 도시에서 남편과 함께 자영업을 하고 있어요. 수입은 계절에 따라 들쭉날쭉한데 장사가 잘되는 편이라 월 평균 530만원쯤 벌고 있습니다. 아이는 중학교 1학년이고 남편은 무녀독남 외아들인데, 70대 중반의 시부모님과 함께 살고 있어요. 두 분은 수입이 없고요. 아이 학원비도 만만치 않고 식구가 많아서 정말 아등바등 아끼고 사는데도 한 달 지출은 월세를 포함해 410만원이네요."

경기도에 살고 있는 임지영 씨(38세)가 보낸 메일 중 일부입니다.

그녀는 융자를 얻어 집을 살까 고민 중이었습니다.

"지금 24평 아파트에서 보증금 1억원에 월세 40만원의 반전세를 살고 있어요. 시부모님이랑 다섯 식구가 사니 비좁긴 하죠. 전세가 곧 만기인데 주인이 보증금 2,000만원과 월세 10만원을 올려달라고 하더군요. 1억4,000만원을 융자를 내면 주변의 32평 아파트를 살 수 있을 것 같아요. 남편은 이번에 집을 사서 이사를 하자는데 어떻게 해야 할지 모르겠어요."

최근에는 아파트 가격이 오르지 않고 하향 안정될 가능성이 높지만, 집은 단순히 재테크 수단만이 아니라 온 가족의 안정된 터전을 만드는 것이므로 부담되지 않는 수준의 거주 목적의 집이라면, 1~2년 추이를 보며 분양받거나 사는 것도 방법입니다.

하지만 지영 씨의 경우 저축 여력이 월 120만원인데, 1억4,000만원의 대출을 받는다면 이자를 감안해 10년 가까이 갚아야 하지요. 그런데 아이가 중학생이므로 교육비 부담이 갈수록 커질 것이고, 70대 중반의 시부모님은 연세가 들수록 병원비 부담도 커질 테고요. 게다가 부부가 자영업을 함께하고 있기에 혹시 장사가 잘 안 되면 1억원이 훌쩍 넘는 융자금이 큰 부담이 될 수 있습니다. 가정경제는 좀 보수적으로 운용하는 것이 좋습니다. 그래서 조심스럽게 전세를 2년 더 살면서 돈을 좀더 모은 후에 아파트 청약을 생각해보는 것이 어떻겠느냐는 답변을 드렸습니다.

월 대출이자만을 고려하는 사람들

그동안 저금리가 계속되자 주택구입이나 창업 등으로 빚을 지는 것을 쉽게 생각하는 사람들을 자주 보았습니다. 1, 2억원의 융자를 받는 분들도 제법 많습니다.

심지어 40대 중후반 지인 중 한 명은 맞벌이로 월 수입이 650만원이고 중고생 자녀가 2명인데도 3억원의 융자를 받겠다고 했습니다. 매달 이자 130만원 남짓은 부부의 수입으로 감당할 수 있다고 판단하고, 원금 3억원은 어떻게 갚을 것인지 뚜렷한 계획도 없이 막연히 갚으면 되겠지 식으로 생각했습니다.

물론 융자를 받기 전에 계산을 상세하게 하는 경우도 있습니다. 일산에 사는 강호석 씨(33세)의 말입니다.

"결혼한 지 1년이 되었어요. 중소기업 맞벌이 부부로 월 소득이 500만원입니다. 둘이 정말 아껴서 200만원으로 생활하고 300만원을 저축하고 있어요. 3억5,000만원인 아파트를 사고 싶은데, 2억원을 융자를 받으면 6, 7년 후에는 모두 갚을 수 있을 것 같습니다."

호석 씨의 계획은 어떨까요? 돈 문제는 산수가 아닙니다. 단순히 더하기 빼기로만 계산해서는 안 됩니다. 2억원에 대한 이자가 80만원 정도일 것입니다. 그런데 곧 아이를 가질 예정인데, 그러면 당장 육아비 부담이 커져서 저축 여력이 100만원 정도로 줄어듭니다. 게다가 출산·양육 과정에서 외벌이가 될 가능성도 있어서 자칫 어려움을 겪을 수도 있으니 신중하게 생각해야 합니다.

많은 사람들이 가계부를 열심히 쓰고 콩나물 값도 아끼려고 노력하지만, 더욱 중요한 것은 큰 그림을 제대로 그리는 것입니다. 다시 한번 말하지만 돈 관리에서 제일 중요한 것은 '가정을 위험에 빠뜨리지 않는 것'입니다. 지금 소득으로 감당할 수 있겠다는 막연한 생각으로 대출을 왕창 받기보다, 앞으로 어떤 상황이 펼쳐질지 예상하고 시나리오를 짜는 습관을 들여야 합니다.

은행 입장에서 주택담보대출은 비교적 안정된 이익을 보장해 주는 고수익 대출입니다. 한마디로 효자상품이죠. 그래서 매월 이자만 꼬박꼬박 내면 원금을 상환하라고 독촉도 하지 않고 만기에 대출상환을 연기해주기도 합니다. 그러다 보면 대출을 받은 사람은 원금을 금방 갚아야 할 돈이라는 생각을 하지 않게 되고, 결국 시간이 흐를수록 대출을 갚기가 더욱 어려워지는 것입니다.

마이너스 통장의 비밀과 대출 잘 받는 법

마이너스 통장을 쓴 경험이 있는 분이라면, 이 통장을 없애는 것이 얼마나 어려운지 알 것입니다. 마이너스 통장은 매월 이자가 마이너스 원금에 가산됩니다. 마이너스 한도만 넘지 않으면 금방 갚지 않아도 되므로 원금을 갚아야 한다는 급박함을 느끼지 못하여 계속 사용하게 됩니다.

마이너스 통장은 금리가 일반 대출보다 0.5~3% 정도 높고 대출이자도 월 복리로 붙습니다. 앞에서 살펴보았지만 월 복리의 효과는 매우 무섭습니다. 예를 들어 마이너스 통장의 오늘 잔고가 −800만원이며 금리가 7.3%라고 해 보죠. 만약 1년 내내 마이너스 잔고가 유지된다면 이자는 얼마나 될까요?

▼ **마이너스 통장의 대출이자는 월 복리로 늘어납니다**

1달 뒤 8,000,000원+(8,000,000원×7.3%/365일×30일)=8,048,000원
2달 뒤 8,048,000원+(8,048,000원×7.3%/365일×30일)=8,096,288원
3달 뒤 8,096,288원+(8,096,288원×7.3%/365일×30일)=8,144,866원
....
12달 뒤 8,544,129원+(8,544,129원×7.3%/365일×30일)=8,595,393원

마이너스 통장으로 800만원을 대출받으면, 첫 1년에 60만원 정도의 이자가 소리 없이 마이너스 원금에 합산됩니다. 그런데 보통은 마이너스 통장에서 돈이 들락날락 하기 때문에 이자가 어느 정도인지 눈치도 채지 못합니다. 마이너스 잔고를 아무 생각 없이 3년 정도 같은 수준으로 유지하고 있다면 이자로 얼추 200만원 정도가 합산되는 셈입니다. 마이너스 통장은 아예 없애고 안 쓰는 게 좋습니다.

한편, 내집마련, 창업, 자동차 구입 등을 위해 대출을 계획하는 사람들은 신용등급을 효과적으로 관리해서 대출금리를 낮추는 것이 좋습니다. 사회 초년생 시절부터 급여이체 계좌를 만든 은행을 주거래은행으로 하여 급여이체통장, 신용카드, 적금 등을 모아서 거래하면 좀더 유리한 조건으로 대출을 받을 수 있습니다.

돈 빌려주는 기술

"망설이다가 연락드립니다. 예전에 말씀드렸던 사업에 문제가 생겼어요. 2억원을 입금했는데, 동업자는 직원이 회사 돈을 횡령했다고 하면서 개업을 벌써 7개월 넘게 미루고 있습니다."

20대 중반인 이강혁, 이강수 형제는 안산에서 당구장을 운영하면서 돈을 차곡차곡 모아 강남에서 이자카야 주점을 열 꿈을 가지고 있었습니다. 외식업 경험이 없었기에 소개를 받아 경험자와 동업을 하기로 했지요. 그런데 잘될 것이라는 막연한 기대감에 돈을 먼저 송금한 것이 실수였습니다.

제가 할 수 있는 조언은 변호사를 만나 상담하고 빨리 정리해야 한다는 것입니다. 속상하겠지만 한 푼이라도 더 회수하려면 서둘러야 한다고 강조했습니다.

저도 30대에 큰돈은 아니지만 비슷한 경험이 있었습니다. 이후 동업이나 사업협력 등을 할 때 따져 보려고 만들어 둔 원칙이 있습니다.

"사업이 잘못되어 망했을 때, 상대방의 손실이 적어도 나와 비슷하지 않은 투자 권유는 사기일 가능성이 높다."

두 형제는 동업자가 돈을 더 많이 투자하면서도 수익은 반으로 나누겠다는 달콤한 감언이설에 넘어가 송금했고, 그가 실제로 돈을 넣었는지 등 기초적인 점검사항을 무시했습니다. 긍정적인 부분만 너무 이야기하거나 수익을 많이 양보하겠다거나, 최악의 상황에서도 절대 손해를 보지 않는다는 사업 제안은 무조건 의심해야 합니다.

원칙을 세우고도 미덥지 않다면 아내나 어머니, 누나 등 여성의 조언을 듣는 것도 좋습니다. 대체로 남자들은 수익에 집중하지만, 여자들은 잘못될 경우에 원금을 지킬 수 있는지에 대한 위험 대비를 먼저 생각하는 경향이 있기 때문입니다.

특히 가정에서 돈을 모아갈 때 가장 중요한 것은 절대 돈을 빌려주지 않는 것입니다. 돈은 빌려주는 순간 오히려 빌린 사람이 칼자루를 쥐게 됩니다. 돈도 잃고 사람도 잃고, 때로는 부부간의 신뢰도 깨질 수 있습니다.

그래도 어쩔 수 없이 돈을 빌려주어야 하는 관계라면, 제가 만난 분의 원칙을 소개해드립니다. 그는 돈을 빌리는 측에 반드시 차용증을 작성해 달라고 요구하고, 갚을 날짜와 이자를 명기해 양쪽의 서명을 받아 공증을 합니다. 또한 돈을 갚지 않았을 경우를 대비해 담보를 요구합니다. 야박하게 보일지 몰라도 그것이 인간관계와 돈을 지키는 길입니다. 의외로 주위에 돈을 빌려주었다가 받지 못해서 목돈 모으기에 차질이 생긴 사람들을 자주 만나게 됩니다. 그렇기 때문에 원칙을 세워 놓고 대응하는 것이 좋습니다.

월급쟁이 30대가 많이 하는 착각 8가지

Part 4

01

지금 월급으로도 적금통장을 늘릴 수 있습니다

시간이 지나면 여유가 생길 것이라는 착각

자산관리 상담을 가장 많이 하는 연령대가 30대입니다. 돈을 본격적으로 버는 시기지만 의외로 생활에 여유가 별로 없습니다. 노후준비 등을 목적으로 저축을 권하면 흔히 이런 말을 많이 합니다.

"내년에 진급하면……."

"올 3월에 월급이 오르면……."

"생활에 여유가 좀더 생기면……."

그런데 우리가 살아가면서 여유가 생겨 저축을 할 수 있는 시기는 거의 없습니다. 오히려 지금 참고 저축해야 나중에 여유가 생길 수 있습니다. 흔히 사람들은 연봉이 높고 생활에 여유가 있어야 저축을 할 수 있다고 생각합니다. 하지만 안타깝게도 엄청난 고소득자가 아닌 이상 웬만한 돈은 우리에게 여유를 가져다주지 않습니다. 돈을 많이 버는 만큼 기대수준과 소비수준이 올라갈 수밖에 없기 때문입니다. 그러므로 쓰고 남은 것을 저축하는 것이 아니라 먼저 저축을 한 후 남은 돈으로 생활해야 하는 것이죠.

연봉 상승액은 '없는 돈'이라고 생각하세요

"올해 연봉이 300만원 올랐어요."

세금이나 4대 보험료 등을 제하고 나면 월 20만원쯤을 더 받는 것입니다. 20만원으로 우리가 느낄 수 있는 체감 여유는 그리 크지 않습니다. 오히려 머리에 연봉이 300만원 올랐다는 기억만 남아 소비가 더 늘어나기도 합니다. 차라리 지금처럼 그 20만원이 없다고 생각하고 1년을 모아야 그 목돈 때문에 여유가 생길 수 있습니다. 돈이든 삶이든 여유는 누가 만들어주는 것이 아닙니다. 스스로 만들어 가는 것입니다.

은숙 씨는 어떻게 적금통장을 2개나 늘렸을까요

맞벌이 부부인 김은숙 씨네는 4세의 딸이 있고, 세금을 제한 월 소득은 450만원입니다. 전세자금 대출이자와 원금으로 월 100만원, 각종 보험료가 25만원, 적금은 20만원을 넣고 있습니다.

"우리가 사치를 하는 게 절대 아니에요. 제 딴에는 아끼는데도 돈이 온데간데 없어요. 대출이자와 원금을 제하더라도 330만원이나 쓴다는 거잖아요. 전세자금 대출이라도 빨리 갚아버리고 싶은데 생각보다 쉽지가 않네요. 요즘은 살림을 잘 못하는 건 아닌가 하는 생각이 들어요."

2000년 미국 코넬대학교의 연구팀은 극장에서 영화관람 전에 공짜 팝콘을 나누어 주었습니다. 관객 절반에게는 대형용기에 담아주었고, 나머지 반에게는 중형용기에 담아주었습니다. 팝콘은 일부러 눅눅하게 만들어 정말 맛이 없었습니다. 그런데 대형용기를 받은 사람들이 중형용기를 받은 사람들보다 맛없는 팝콘을 53%나 더 많이 먹었습니다. '큰 그릇 = 더 많은 음식 섭취'인 것입니다. 저는 은숙 씨에게 이 실험 이야기를 들려주고는 이렇게 말했습니다.

"지출통장이 작으면 지출도 자연히 줄어듭니다. '작은 지출통장 = 작은 지출'이죠. 지출통장에 넣는 돈을 10%쯤 줄여보세요. 한 달에 330만원을 쓴다면, 다음 달부터 지출통장에 300만원만 넣고 생활해보세요."

은숙 씨는 곰곰이 생각하더니 말했습니다.

"말씀은 이해가 되어요. 그런데 한 달 지출을 하루아침에 10%나 줄이기가 쉽지 않을 것 같아요."

은숙 씨는 가계부를 쓰지 않았습니다. 가계부를 쓰면 좋겠지만, 사실 많은 사람들, 특히 어린아이를 둔 맞벌이 부부들은 바쁘고 정신이 없어서 가계부 쓰기가 흐지부지 되는 경우가 많습니다. 그런 사람들에게 저는 간단하게 지출을 줄일 수 있는 방법을 알려드립니다.

"은숙 씨네는 한 달에 마트를 몇 번 가세요?"

"일주일에 한 번 가요."

"한 달에 4번꼴이네요. 일단 2번으로 줄여 보세요. 마트에 가는 횟수만 줄여도 지출이 자연히 줄어듭니다."

"장을 2주에 한 번만 보면 더 불편하지 않나요?"

"마트에서 장을 보는 횟수를 줄여본 사람들은 이구동성으로 다 살아지더래요. 근처 슈퍼에서 몇 백원 더 비싸게 사도 결과적으로 더 이득입니다. 마찬가지로 온라인 쇼핑 횟수도 줄여보고요."

한 달 뒤 다시 만났을 때, 은숙 씨는 환한 표정으로 말했습니다.

"이번 달에 지출을 20만원이나 줄였어요. 다음 달에 20만원짜리 1년 만기 적금통장을 만들 거예요. 그 다음 달에는 지출을 더 줄여서 매달 10만원을 붓는 적금통장을 하나 더 만들 거고요."

환하고 씩씩한 목소리에 저도 덩달아 기분이 좋아졌습니다.

"'그릇을 작게 만들면 적게 먹는다. 지출통장을 작게 만들면 돈은 쌓이게 마련이다.' 정말 맞는 말이에요. 다다음 달에 만들 월 10만원짜리 적금통장의 이름표는 유럽여행이에요. 아이가 초등학교 4학년이 되면 온 가족이 유럽 배낭여행을 가려고요. 그때까지 여행비를 모을 수 있을 거예요."

우리 인생에서 여유가 있는 때란 없습니다. 스스로 작은 틈이라도 만들어내고 그것을 모을 때에야 비로소 여유가 생깁니다. 경제적 여유는 스스로 찾아서 만들어내야 하는 것이며 마치 보물 찾기와 같습니다. 시간이 지나면 자연히 여유가 생길 것이라는 생각은 착각입니다.

02

막연히 열심히로는 해결되지 않습니다

열심히만 살면 될 것이라는 착각

열심히만 하면 현재 생활이 유지될까요

요즘 일이 잘되고 있는지 물어보면 거의 대부분 "열심히 하고 있어요"라고 대답합니다. 그런데 이것은 자기 기준으로 스스로를 평가한 것입니다. 30대가 가장 많이 하는 착각이 바로 이것입니다. 현재의 생활이 그대로 유지될 것이라고 생각하고 지출도 거기에 맞추어 하고 미래의 계획도 그런 생각을 바탕으로 세우지요.

하지만 안타깝게도 내가 지금 열심히 하고 있으니 결국 잘될 것이라는 생각은 착각인 경우가 많습니다. 나는 일을 열심히 하고 저축도 열심히 하고 있으니 진급도 하고 정년까지 다닐 수 있으며, 40,50대에도 경제적으로 큰 걱정이 없을 것이라는 생각을 하다가 뒤늦게 후회하는 경우가 있습니다. 속상하고 안타깝지만 현실이 그렇습니다.

무작정 열심히만 해서는 답이 없다 | 20대는 앞에 있는 일을 무조건 열심

히만 하면 됩니다. 하지만 30대는 단순히 열심히만 해서는 답을 찾을 수 없습니다. 이제는 미래에 대한 비전이나 목표를 세우고 그 방향에 맞게 열심히 해야 합니다.

그런데 30대에도 미래에 대한 준비나 목표설정 없이 그저 막연하게 열심히 하는 사람들이 많습니다. 이직이나 연봉을 높이려는 계획도 없고 사업을 고민해본 적도 없습니다. 또한 금리가 높은 저축을 고를 뿐, 은퇴 준비를 위한 고려 없이 무작정 저축을 하는 경우도 있습니다. 수익이 좋다고 따라하고, 주위 사람이 많이 투자하니 나도 가입하고, 직원의 감언이설에 끌려서 금융상품을 구입합니다.

제 직업은 일반 직장인처럼 출퇴근 시간이 정해져 있지 않지만, 반면에 철저한 자기관리가 필요합니다. 목표가 없이 움직이면 마치 목적지 없이 방황하는 것과 같기에, 연초에 목표를 정해서 그것을 이루고자 열심히 뜁니다. 몇 년 전에는 연초에 전체 1등을 하겠다는 목표를 정했습니다. 그런데 그해 10월에 그 목표를 포기했습니다. 아직 2개월이 남아 있었지만 당시 1등과 격차가 너무 벌어졌기 때문입니다. 그런데 이게 웬일입니까? 그때부터 생활이 갑자기 힘들어지기 시작했고, 하루하루가 무의미해지고 출근하기도 싫고 모든 것이 귀찮아졌습니다.

'내가 어디 아픈 건가? 왜 갑자기 기운이 없고 힘들어진 거지? 건강이 안 좋아진 건가?'

건강검진을 받아보았지만 몸에는 아무런 이상이 없었습니다. 이유를 찾지 못해 계속 게을러지다가는 결국 스스로에게 실망할 것 같았습니다. 그러다 마침내 해답을 찾아냈습니다. 갑자기 나타난 무기력은 목표를 포기하고 나를 이끌어왔던 강한 동기가 사라지면서부터 생긴 것입니다. 운동선수가 올림픽이나 세계대회에서 메달을 딴 후 갑자기 슬럼프를 겪는 것도 마찬가지 현상입니다. 우리가 김연아 선수를 높게 평가하는 것은 금메달이라는 꿈을 이루었으면서도 새로운 목표를 설정하여 다시 운동을 시작한 놀라운 멘탈 관리 능력 때문입니다. 그러므로 성장하기 위해서는 목표를 이룬 시점마다 계속 새로운 목표를 설정해야 합니다.

저는 그것을 깨달은 날에 당장 새로운 목표를 세웠습니다. 실현 불가능한 목표가 아니라 그해 안에 해낼 수 있는 다른 것으로요. 그러고 보니 재테크도 비슷한 면이 있습니다.

30대일수록 재무목표가 중요합니다

경제적 측면에서 보면 20대가 취업을 하고 저축 습관을 기르는 시기라면, 30대는 다양한 재무목표를 설정하고 추진해야 하는 때입니다.

내집마련이 목적이라면 그에 맞는 저축과 목표금액을 설정하고 대출을 알아보아야 하고, 10년 후에 창업이 목표라면 30대부터 사업자금을 모아야 합니다. 지금의 직장에서 인정받고 오래 근무하고 싶다면 자기계발 등에 투자해야 하며, 더 좋은 직장이나 새로운 분야에서 일하고 싶다면 이직을 위해 노력해야 할 때입니다.

목적 없이 모으는 것에만 집중하면 어김없이 돈이 필요한 일이 생기게 마련입니다. 정기적금 만기쯤이면 냉장고가 덜덜거리거나 차의 엔진소리가 평소보다 크게 들립니다. 그런데 처음부터 자녀 학자금이라고 목적을 정했다면 그 돈으로 냉장고나 차를 바꾸지는 않을 것입니다. 또한 연봉을 높이거나 더 좋은 직장으로 이직하기 위해 자기계발을 하면 힘들 때마다 버티는 동기가 됩니다.

1차 재무목표 달성 후, 어떻게 할까요

재석 씨는 왜 예금통장을 3개로 쪼갰을까요? | 성재석 씨(38세) 부부는 돈 관리를 무척 잘해왔습니다. 벌써 아파트 융자금을 다 갚았고 금융자산을 착실히 모아가는 중입니다. 특이하게도 예금 9,000만원을 3군데 은행에 분산해서 예치해두었더군요.

"예금통장을 왜 3군데에 분산 예치해두었나요? 혹시나 예금자보호법 때문이라면 4,500만원씩 2군데에 나누어놓아도 되었을 텐데요."

"나머지 금융자산은 따로 굴리고 있어요. 은행예금은 앞으로도 건드리지 않을 거예요. 만기가 되면 이자까지 모두 합해서 바로 다시 예금에 넣고 있죠. 우리 집의 최소한의 안전판입니다. 각각 예금자보호법의 한도인 4,900만원까지 불리는 게 목표예요."

내일이 적금 만기일인가요? | 종잣돈 모으기가 끝나면 우리는 계획했던 집이나 차를 사거나 여행을 갑니다. 그동안 참았던 고통에 대한

보상을 충분히 받는 것입니다.

"와, 드디어 전세자금 대출을 다 갚았어."

"아파트 융자를 다음 달에 다 갚아. 8년 동안 갚느라 너무 힘들었어. 빚이 무섭더라. 당분간은 맘껏 좀 써볼래. 이제 빚 갚는 것은 지긋지긋해."

부자와 빈자는 작은 목표를 달성한 후에 확연히 차이가 납니다. 어떤 이는 목표달성에 성공했던 경험을 소중하게 여기고 곧바로 새로운 목표를 정하고 저축을 다시 시작합니다. 그러나 목표를 다시 세우지 않고 어영부영 세월을 보내는 사람들도 있습니다. 목표도 없고 계획도 없으니 자연히 돈이 잘 모이지 않습니다.

좋은 습관을 만들려면 60일 이상의 반복과 인내심이 필요합니다. 하지만 그렇게 어렵게 만든 좋은 습관을 망가뜨리는 데에는 단 한 번의 미룸이면 충분합니다. 돈을 쓰는 버릇은 중독과 같아서 소비에 길들여지면, 다시 돈을 모으는 습관을 만드는 데 몇 배의 노력이 필요합니다.

혹시 내일 적금이 만기일인가요? 그렇다면 오늘 당장 계획을 세워 어렵게 만든 습관이 없어지지 않도록 계속하는 지혜를 가져야 합니다. 성공하는 것도 이기는 것도 습관이며, 그 습관은 결국 새로운 목표를 설정하는 습관에서 비롯됩니다.

03

당신이 알고 있는 재테크 방법은 낡았습니다

나도 재테크로 돈 벌 것이라는 착각

투자 성공 확률에 대한 착각

신문이나 방송에 가끔 주식으로 '큰돈'을 번 사람들이 소개되지만, 그들은 극히 일부일 뿐이며 몇 퍼센트에 불과합니다. 오히려 주식에 투자했다가 후회하는 사람이 더 많습니다. 왜 재테크로 돈을 벌기가 힘들까요? 수학적으로 한번 따져볼까요? 초등학교 저학년 산수만 알아도 바로 이해됩니다.

우리가 투자를 했을 때 성공할 확률을 따져보겠습니다. 동전 던지기 식으로 생각해보죠.

❶ 첫 번째 투자에서 성공할 확률은 50%(1/2)이고, 실패할 확률도 50%(1/2)입니다.

❷ 투자를 연속해서 2번 성공할 확률은 25%(1/2×1/2=1/4)입니다.

❸ 3번 연속 성공할 확률은 12.5%(1/2×1/2×1/2=1/8)입니다.

❹ 4번 연속 성공할 확률은 불과 6.25%(1/2×1/2×1/2×1/2=1/16)에 불과합니다.

투자를 계속할수록 성공할 확률은 줄어드는데 투자금액은 오히려 늘어납니다. 사회 초년생일 때 투자액은 몇 백만원에 불과하지만, 40대가 되면 그동안 모아둔 돈으로 수천만원에서 수억원에 달하게 되지요. 투자에 연이어 성공한 사람들은 세 번째에는 자신감이 생겨서 더 큰돈을 투자하게 되고, 결국 투자는 어느 순간 실패로 끝나게 됩니다. 투자 성공가로 소개되었던 사람들 중에서도 나중에 투자에 실패해 전 재산을 잃고 엄청난 빚을 진 경우가 제법 많습니다. 투자의 성공 확률 법칙을 외면했기 때문이죠.

왜 기존의 재테크 방법이 안 통할까

1997년 외환위기 이후 평생직장 개념이 사라지면서 사람들의 불안감이 커지고, 물가나 주거비 등의 상승으로 실질소득이 줄어들면서 남들보다 빨리 쉽게 돈을 버는 방법을 찾는 재테크 열풍이 불었습니다.

젊은 직장인들이 가끔 농담으로 "인생은 한 방"이라고 하는데, 사람들은 그 한 방을 재테크에서 찾으려고 합니다. 하지만 안타깝게도 재테크로 돈을 벌 수 있는 기회는 점점 줄어들고 있습니다.

먼저 우리나라의 재테크 역사를 잠시 살펴보겠습니다. 큰 흐름 속에서 앞으로 어떻게 변할지 알아보기 위해서입니다. 자산관리는 시대의 흐름을 거스르거나 변화를 따라가지 못하면 큰 손실을 봅니다. 시대별로 재태크 흐름을 항상 공부하고 따라잡으려고 노력해야 합니다.

우리나라에서 재테크나 자산관리 개념이 자리를 잡는 데는 꽤 오랜 시간이 걸렸습니다. 1980년 이전에는 먹고살기 급급하던 시대였습니다. 물론 1970년대에도 부동산 투기를 통하여 큰 부를 모았던 사람들이 있었지만, 극히 일부의 선택 받거나 시대의 흐름을 읽는 능력이 탁월했던 사람들의 일이었기에 큰 의미를 둘 정도는 아니었습니다.

1세대 재테크 — 월급 모아 내집마련

1980년대 초반, 그리고 86아시안게임과 88올림픽 게임 전후로 우리나라 경제가 크게 성장하면서 월급이 본격적으로 오르고, 금융·서비스업 등 새로운 일자리가 생기면서 돈 관리에 대해 관심을 가지기 시작했습니다.

1980년대 초부터 1997년 외환위기 전까지 약 20년 동안의 재테크 화두는 한마디로 '월급 모아 내집마련'입니다.

1984년 이후 4~5년 동안은 3저 호황시대(저금리, 저 원자재 가격, 원화 약세)로 경기가 좋았습니다. 저금리라고 해도 1년 예금금리가 10% 초반이었죠(그전은 20%에 가까웠습니다). 이 시절 재테크의 1순위는 부동산, 2순위는 예금·적금이었습니다.

경기가 좋아 시중에 돈이 넘치고 금리가 예전에 비해 낮아지자 돈이 부동산 시장으로 몰렸습니다. 1980년 후반 강남에서 아파트 투자 열풍이 불기 시작해서 노태우 정부(1988~1992년) 때도 점점 더 거세졌습니다. 땅값도 대규모의 개발사업이 진행되면서 수요가 많아서 계속 올랐습니다.

그런데 당시 우리 같은 일반 개인에게는 은행의 문턱이 매우 높았습니다. 정부는 경제성장 정책을 추진하기 위해 돈이 도로, 항만 등 국가의 기반시설이나 기업의 생산시설을 확충하는 데 투입되기를 원했습니다. 개인은 은행에서 많은 돈을 빌릴 수 없었고 대출금리도 매우 높았습니다. 돈이 많고 발 빠른 사람들은 장기적 관점에서 땅 투자에 나섰으나 일반인에게는 높은 벽이었죠. 그러니 월급을 적금이나 계에 넣어 목돈을 만들어 내집마련을 하는 게 일반인들의 재테크 유형이었습니다.

한편 주식시장은 1987년 말에서 1989년까지 약 2년 만에 2배 이상 오르기도 했지만(코스피지수 416 →918), 아직 시장이 매우 작았고 일반인도 투자를 많이 하지 않았습니다.

김영삼 정부 및 외환위기 전후 | 1990년대 중반 대기업들은 무분별하게 해외로 진출하며 몸집 키우기에 몰두했습니다. 무분별한 차입 경영은 결국 외환위기를 불러왔습니다. 우리나라의 외환보유고는 텅 비다시피 했지요. 30대 대기업 중에서 삼미그룹 · 한보그룹 · 기아그룹 등 무려 16개 기업이 부도가 났습니다.

외환위기가 터지자 시중에 돈이 씨가 말라서 예금금리가 한때

20%를 넘어섰으며, 주식시장은 1년 만에 반토막이 났습니다(1996년 12월 말 651→1년 후 376). 직장을 잃은 사람들이 넘쳐났으며, 치솟는 대출이자를 감당하지 못하고 파산하는 기업과 개인이 속출했습니다. 하지만 부자들은 부동산이나 주식을 헐값에 사들였죠. 은행에 목돈을 넣어둔 사람들도 20%가 넘는 고금리의 이익을 톡톡히 누렸지요.

항상 경제위기는 동전의 양면과 같은 명암이 있습니다. 한쪽은 고통에 내몰리지만, 반면에 살아남은 부자들은 훨씬 더 부자가 됩니다. 박경리 작가의 『토지』를 보면 평사리 최참판 댁의 선대들이 어떻게 그 넓은 토지를 소유한 대지주가 되었는지 묘사하는 장면이 나옵니다. 기근이 닥치면 굶어 죽는 사람들이 생겼지만, 최참판네에게는 아사 지경인 사람들로부터 땅을 헐값으로 사들일 수 있는 기회이기도 했지요. 우리가 주기적으로 겪고 있는 경제위기의 본질도 이와 크게 다르지 않습니다. 우리가 부동산이나 주식시장에 지나친 거품이 끼는 것과 경제위기를 두려워하고, 건전한 경제에 꾸준히 관심을 가져야 하는 궁극적인 이유도 여기에 있습니다.

2세대 재테크—빚을 많이 낼 줄 아는 사람이 성공한다

1세대의 재테크가 '월급 모아 내집마련'이라면, 외환위기 이후 2세대 재테크는 '빚을 많이 낼 줄 아는 사람이 성공한다'입니다.

김대중 정부는 외환위기 극복을 위해 금융시장을 개방했고 각종 규제완화 정책을 실시했습니다. 그러자 해외 자본이 주식시장 등에

밀려 들어왔습니다.

2000년대에 우리나라는 세계 경기호황에 힙입어 호황을 누렸으며, 금리도 2000년대 중반까지 계속 낮아졌습니다. 주식시장은 중간에 코스닥시장의 거품 붕괴(2000년), 신용카드 사태(2003년) 등을 겪긴 했지만 전체적으로 2007년 10월까지 장기 상승했습니다. 여기에는 2005년 이후에 불어닥친 적립식 펀드 열풍도 큰 몫을 했습니다.

아파트 가격도 크게 올라 2005~06년 버블세븐 지역(강남·서초·송파·양천·분당·평촌·용인)에서는 일주일 사이에 1억원이나 치솟는 진풍경을 연출하기도 했습니다. 그러자 많은 사람들이 대출을 받아서 주식이나 부동산 재테크에 나섰습니다. 특히 부동산은 가격이 크게 올라 은행에서 대출을 받아서 투자하면 대출이자보다 훨씬 큰 수익을 얻었지요. 재테크의 레버리지 효과(지렛대 효과)가 큰 시대였기에 너도나도 빚을 내어 투자에 나섰습니다. '빚을 많이 낼 줄 아는 사람이 재테크에 성공한다'는 통념이 팽배했던 시기였죠.

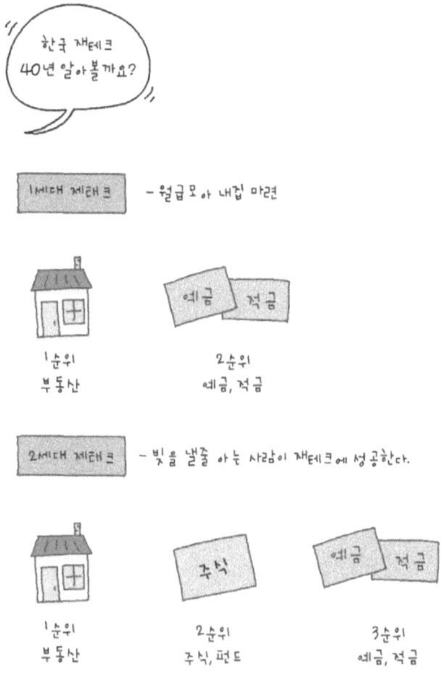

한편, 2008년 금융위기로 인해 주식시장이 한때 반토막이 났고 이듬해인 2009년 초에 바닥을 친 다음 몇 년에 걸쳐 다시 회복했습니다. 부동산 가격도 크게 내렸죠. 사람들은 막무가내식 투자는 엄청난 손해를 보게 된다는 것을 뼈저리게 느꼈으며, 한편으로는 주식 및 부동산 시장의 회복을 겪으며 '지나친 낙관론도, 비관론도 독이 될 수 있다'는 것을 체험했습니다.

2018년 주식시장은 고점을 경신하고 조정 중이었고, 2019년 이후는 세계 경기 하강으로 그리 밝아 보이진 않습니다. 지난 수년간 부동산 가격도 크게 올랐습니다. 3,4년 만에 부동산으로 수억원을 번 사람들을 심심찮게 볼 수 있으며, 갭 투자로 수십 억원을 번 사람들도 간혹 있습니다. 하지만 이처럼 부동산 가격이 크게 오르자 정부는 2017년 8.2대책에 이어 2018년 강렬한 9.13대책을 내놓았고, 급등하던 부동산 시장은 얼어붙은 상태입니다. 전문가들은 앞으로 1~3년은 부동산 가격이 오르지 않거나 하락 가능성이 높다고 봅니다. 경기는 오르락내리락하며 순환하는 경향이 있습니다.

그럼, 앞으로는 어떻게 될까요? 이제 재테크 패러다임이 바뀌어야 합니다. 1세대 '월급 모아 내집마련', 2세대 '빚을 많이 낼 줄 아는 사람이 성공한다'에서 3세대 재테크 시대로 바뀌어야죠. 예전처럼 빚을 내어 주식이나 부동산 시장에 뛰어들었다가는 큰 낭패를 볼 수밖에 없는 시대입니다.

재테크 패러다임이 왜 바뀔까요? | 이제 우리나라는 경제성장률이 3% 이상이 되기 힘들며 초고령사회로 진입할 예정이라 생산가능인구, 즉 젊은층 비중이 적습니다. 그러므로 극히 일부 지역을 제외하곤, 부동산 시장은 몇 년 전과 같은 호황을 기대하기가 어렵습니다. 지금도 일부 지역은 거품설이 나돌며 가격의 앞자리가 바뀌며 하락하는 곳도 있습니다. 또한 미국을 비롯한 세계 경제도 2018년을 기점으로 서서히 하강 국면에 접어들고 있습니다. 잘해야 크게 떨어지지 않는 선에서 안정될 가능성이 높습니다.

우리가 그동안 한번도 겪어보지 못한 새로운 경제상황이 다가오고 있는 것입니다. 이런 시대에 과거의 재테크 패러다임에 갇혀 있으면 소중한 자산을 지키지 못할 수 있습니다.

지금도 과거 재테크 방법으로 돈을 벌 수 있다는 착각

금융위기 이후 우리나라는 계속 저금리 상황이 이어져 왔습니다. 은행의 예금금리는 5%대에서 계속 내려오다가 지금은 2%대 초반입니다. 2억원을 예금에 넣으면 세금을 제한 이자가 한 달에 고작 40만원 내외입니다. 하지만 앞으로 금리가 차차 오를 가능성이 있습니다. 그렇다고 예전처럼 기준금리가 5~6%까지 가는 상황은 쉽게 오지 않을 것입니다. 그렇다면 어떻게 해야 할까요? 뒤에서 좀더 상세히 알아보겠습니다.

04

우리는 정말 합리적일까요?

나는 투자에 실패하지 않을 것이라는 착각

30대 직장인들은 재테크를 위해 정보를 탐색하고 공부하며 자신만의 노하우를 만들기 위해 노력합니다. 이렇게 얻은 지식과 20대부터 꾸준하게 해왔던 재테크 경험을 바탕으로 '나는 합리적인 판단을 할 수 있다'는 착각을 합니다. 저 또한 그러했습니다.

초보자는 왜 주가가 내릴 때 고민을 덜할까요? | 안타깝게도 나의 투자판단이 합리적이라는 자신감이 커질수록 손실을 볼 위험도 커집니다. 가장 흔한 착각이 주식가격이 크게 내리면 안 팔고 버티면 된다는 것입니다. 사실 주식투자에서는 오른 후 매도 타이밍을 결정하는 것이 가장 어렵습니다. 수익을 조금이라도 더 보고 싶은 생각에 팔까 말까 안절부절못하게 되죠. 그런데 초보자들은 주식가격이 내릴 때는 의외로 고민을 덜하는 경우가 많습니다. 본전이 되기 전까지 팔지 않으면 된다고 생각하는 모양입니다. 하지만 보통 주식이 계속 하락하는 것은 기업의 수익성이 악화되거나, 또는 악화될 가능성이 높기 때문

입니다. 그런데 대부분의 초보자들은 손실을 피하려고 버티다가 더 큰 손실을 떠안곤 합니다.

쏠림 현상에서 자유로운 사람은 없습니다 | 여러분이 횡단보도에서 신호를 기다리고 있다고 해보죠. 옆에 서 있던 사람들이 뒤를 돌아보더니 깜짝 놀란 표정으로 느닷없이 횡단보도를 건너가면, 무슨 큰일이 생겼나 보다, 신호도 확인하지 않고 저도 모르게 따라서 건너려 하죠.

재테크에서도 이런 현상이 나타납니다. 연일 방송에서 아파트 분양 현장에 몰린 인파를 소개하며 아파트 가격이 오를 가능성이 높다고 하면, 앞으로 아파트 가격이 크게 오르지 않을 거라 생각한 사람도 예전에 가졌던 판단과 결심이 어느새 약해지기도 합니다.

2007~08년 M 증권회사의 지점에서는 사람들이 인사이트 펀드에 가입하기 위해 번호표를 뽑고 몇 시간씩 기다렸습니다. 중국 주식 펀드의 수익률이 좋다는 소문이 나자 너도나도 가입했던 것입니다. 인사이트 펀드가 어디에 투자하고, 환차손(환율 변동에 따른 손해)은 어떻게 대비하고 있으며, 환매조건은 어떤지는 관심도 없었고, 다른 사람들이 몰려가니 따라서 투자에 나선 것입니다.

당시 중국 주식 펀드에 일찍 가입한 사람들은 이미 이익을 보고 떠났고, 나중에 인사이트 펀드에 가입한 사람들은 2008년 세계 금융위기 때 중국 경제 상황이 나빠지자 엄청난 손실을 보았지요.

'너도 나도 가입하는 펀드는 당연히 좋을 것'이라는 생각, '좋지 않으면 그렇게 많은 사람들이 가입하지 않을 것'이라는 논리 및 추측이 결국 커다란 손실을 가져온 것입니다. 10년이 지난 지금도 인사이트 펀드의 수익률은 마이너스입니다.

투자에 관한 한 자신을 믿지 마세요

흔히 자신을 믿지 않으면 어떤 일도 성공할 수 없다고 합니다. 하지만 재테크에서는 자신을 너무 믿으면 손실을 볼 확률이 높아집니다. 주식투자를 해서 수익을 얻었더라도 이번에는 운이 좋았다고 생각해야 다음 투자에서 손실을 줄일 수 있습니다. 개인들의 투자속성상 10번을 투자해서 9번을 성공하더라도 단 한 번의 실수로 파산까지 갈 수도 있기 때문입니다. 기관투자자나 워런 버핏 등도 손실에 대한 처리는 자신을 믿지 않고 기관 시스템에 의지합니다.

세계적인 투자자인 워런 버핏은 개인이 아니라 수십조원을 운영하는 거대 투자집단으로 봐야 합니다. 그는 한두 종목에서 큰 손실을 보더라도 버틸 수 있지만, 우리는 돈이 적은 데다가 손실이 생기면 손해를 안 보려고 버티다가 오히려 더 큰 손실을 보기 일쑤입니다. 그러므로 분산투자를 해놓아야 설혹 손실이 생기더라도 버틸 수 있고, 이익이 생길 때 조급하게 팔지 않아서 더 큰 수익을 볼 수 있습니다.

권 사장님이 '권 고수'인 이유

제가 농담으로 '권 고수'라고 부르는 사람이 있습니다. 디지

털 헤드셋을 호주에 OEM 방식으로 수출하는 회사의 사장님입니다. 권 사장님은 저와 처음 만났던 2008년 12월 수출대금을 모두 미국 달러로 받고 있었습니다. 그런데 이듬해 2월에 환율이 계속 올라 달러당 1,500원이 넘어서자 전화가 왔습니다.

"환율이 달러당 1,600원은 가겠죠? 그때까지 기다렸다가 환전을 해도 괜찮을 것 같은데 어떻게 생각하나요?"

저는 고민하다가 이렇게 대답했습니다.

"사장님 말씀대로 어쩌면 환율이 1,600원까지 오를 수도 있을 거예요. 하지만 지금보다 떨어져서 1,400원이나 1,100원이 될 수도 있죠. 이처럼 크게 떨어지게 되면 권 사장님으로서는 큰 손해를 보는 셈이죠. 환율이 많이 떨어져도 감당할 수 있는 금액을 제외하고는 원화로 환전을 고려해보는 것이 어떨까요?"

"음……. 조금만 더 올라가면 좋겠어요. 일단 고민해볼게요."

나중에 권 사장님이 어떻게 했는지 궁금해서 물어보았습니다.

"그날 달러를 일부만 남기고 모두 팔았어요."

그날 환율은 최고점을 기록했고, 이후 몇 년 동안 계속 하락했습니다.

"정말요? 환율이 제일 높을 때 환전했으니 환차익을 크게 보셨겠네요. 완전 점쟁이네요."

"그날 전화통화를 한 뒤 가만히 생각해보았어요. 예전에 환율이 달러당 900원대일 때는 1,000원만 넘으면 좋겠다고 생각했죠. 그런데 그때는 1,500원대로 올랐는데도 팔까 말까 고민했던 거예요. 그러다 문득 내 욕심이 지나치다는 생각이 들었어요. 그래서 '감사합니다'라고 생각하고 바로 그날 거의 다 환전했어요. 나중에 보니 제가 판 가격이 거의 최고점이었더군요."

그날 이후 권 사장님을 '권 고수'라고 합니다. 여기서 제가 말하는 고수는 '욕심을 제어할 줄 아는 능력을 가진 사람'입니다. 자신이 하는 일에 집중하기 위해서 다른 일은 적당히 포기하는 용기, 그것이 바로 기대하지 못한 수익을 가져다준 것입니다.

그런데 2012년 말에도 비슷한 일이 생겼습니다. 이번에 권 사장님은 수출대금을 호주 달러로 받았는데, 당시 호주 달러는 미국 달러보다 가치가 올라 있었습니다. 이번에도 똑같은 질문을 했습니다.

"호주 달러를 전부 미국 달러로 환전해야 할 것 같은데, 언제가 좋을까요?"

"사장님, 예전에 비슷한 질문을 한 것을 기억하세요? 제 대답은 그때와 같습니다."

권 사장님은 그날도 미련 없이 호주 달러를 모두 환전했습니다. 우연의 일치겠지만, 며칠 후부터 호주 달러의 가치가 하락하더니 큰 폭으로 떨어졌습니다. 그는 욕심을 버리고 일찍 환전하여 큰 이익을 본 것입니다. 역시 권 사장님은 고수가 틀림없나 봅니다.

05

기껏 5만원으로 무슨 은퇴준비를 할까요?

은퇴준비는 여유 있어야 가능하다는 착각

"저희는 노후준비를 못 해요. 돈이 없어요."

"아이들 교육비와 부모님 부양까지 도저히 여유가 없어서 노후준비는 꿈도 못 꾸어요."

미래에 대한 준비를 못한다고 하는 30,40대에게 일단 5만원, 10만원이라도 따로 떼어 대비하는 것이 어떻겠느냐고 말합니다. 상황에 따라서 차차 늘려가면 되니까요. 그러면 이런 말을 하는 경우가 있습니다. "5만원, 10만원으로 무슨 노후준비가 되나요?"

인생은 3-3-3입니다

흔히 인생은 3-3-3이라고들 합니다. 남자를 기준으로 보면, 대체로 부모 밑에서 공부하면서 30년을 살고, 30세 정도부터 30년 동안 돈을 벌고, 60세부터 90세까지 30년 동안 은퇴시기를 보냅니다.

안타깝게도 직접 돈을 버는 두 번째 30년은 실제로 30년이 채 되지 못하는 경우가 많습니다. 취직이 늦는 경우도 있고 60세 이전에 본인의 의지와 무관하게 퇴직하는 경우도 많습니다. 현재 평균 일하는 기간은 약 25년인데, 이 돈으로 자녀를 30년 동안 공부시켜야 하고 생활비도 써야 하며 은퇴 후 30년을 살아갈 돈도 모아야 합니다. 25년 동안 매월 300만원의 수입이 있다면 100만원은 자녀에게, 100만원은 생활비로, 나머지 100만원은 은퇴 이후의 30년을 위해 책정해두어야 합니다. 그러나 실제로는 생각대로 되지 않죠? 교육비가 너무 많이 들고, 높은 주거비와 물가 때문에 나머지 돈을 노후를 위해 빼놓을 수 없는 경우가 많기 때문입니다.

적은 돈은 정말 노후에 도움이 안될까요

20대는 앞으로 돈을 많이 벌면 된다고 생각하여 미래에 대한 대비를 소홀히 하고, 30대는 앞으로 소득이 계속 늘어날 것이라고 생각하기에 나중으로 미룹니다. 정작 40대가 되면 소득은 늘어나지만 지출이 커져서 오히려 미래를 대비할 여유를 가지기 힘듭니다. 그러므로 미래에 대한 준비는 적은 돈이라도 당장 시작해야 합니다. 다가올 미래가 회피한다고 지체되거나 오지 않는 것은 아니니까요.

저는 여유가 없어서 노후준비를 못한다는 분들에게 일단 5만원, 10만원이라도 따로 떼어 대비하라고 하지만, 흔히 적은 돈은 노후에 도움이 안 된다고 생각합니다. 정말 그럴까요?

오늘의 10만원은 나중에 100만원의 가치가 됩니다

의정부에서 휴대전화 판매점을 운영하는 40세 이 사장님은 노후준비를 위해 이것저것 알아보고 있습니다.

"매월 30만원씩 10년 납입하는데, 60세부터 매월 받는 돈이 겨우 이거에요? 너무 적은데요. 20년 후 물가상승률을 고려하면 그때 가치로 몇 푼이나 되겠어요?"

맞는 말입니다. 나중에 받는 연금액은 수령 시점의 물가수준을 고려하면 적은 금액일 수 있습니다. 이런 분들은 연금을 숫자로만 보는 것입니다. 문제의 핵심은 연금을 들지 않고도 20년 후에 그 돈이 과연 그대로 있을까 하는 것이지요. 지금 매월 30만원을 연금으로 들지 않는다고 해서 60세에 그 돈이 고스란히 있을까요? 돈은 묶어두지 않으면, 누구나 급한 것에 먼저 지출하는 경향이 있으니까요.

또 하나는 지금의 30만원이 60세가 되는 미래에 더 가치가 떨어질까 하는 것입니다. 저는 이 사장님에게 이런 질문을 했습니다.

"궁금한 것이 있습니다. 이 사장님은 친구 만나 쓰는 커피 값 1만원 지출에 얼마나 고민하세요?"

"그 정도 돈이야 고민 없이 바로 낼 것 같은데요?"

"그렇겠지요. 올해 65세인 이 사장님의 어머니는 커피값 1만원 지출에 얼마나 고민하실까요?"

"어머니는 저보다 좀 더 고민할 것 같아요. 여유가 별로 없어서 저희가 생활비를 보내드리는 형편이니까요."

"맞습니다. 어머니는 소득이 없으니까요. 같은 이치입니다. 나중에 받는 연금 액수가 지금 기준으로 보면 적을 수 있습니다. 지금은 소득이 있으니까요. 그러나 소득이 없을 때는 연금이 액면가 이상의 가치일 것입니다."

소득 유무에 따라 돈의 가치는 달라집니다. 한창 경제활동을 하고 돈을 버는 30, 40대의 10만원과 소득이 없는 70대의 10만원은 가치가 천지차이지요. 돈의 가치는 고정된 것이 아니라 상황에 따라 변하는 것이니까요. 연금에 가입하는 가장 큰 이유는 지금 쓸 돈을 쓰지 못하게 강제로 떼어놓는 것입니다. 같은 돈이라도 나이가 들어 소득이 없으면 그 가치가 오히려 더 소중하기 때문입니다.

"이자도 이렇게 낮은데 적금을 넣어봐야 뭐해요. 미래에 그 돈이 무슨 가치가 있겠어요? 적금보다는 부동산, 주식, 펀드 등으로 투자를 하는 게 유리하죠."

이 사장님도 재테크를 숫자로만 생각하고 직접투자만이 지름길이라고 생각하는 듯했습니다. 그래서 다른 이야기를 건넸습니다.

"아버님께서 최근 경비원으로 취업하셨다면서요?"

"네. 제가 빨리 자리를 잡아서 도와드려야 하는데 ……."

"만약 아버님이 10년 전에 만기가 된 적금 1,000만원을 완전히 잊고 있다가 이제야 찾았다면 돈 가치가 떨어졌다고 화를 낼까요? 큰돈이 생겼다고 기뻐할까요?"

"돈 가치를 따지면 화가 나겠지만, 지금은 소득이 적어 한 푼이 아쉬운 형편이니 무척 기뻐할 것 같습니다."

"바로 그겁니다. 돈 가치를 숫자로만 봐서는 안되는 겁니다."
이 사장님은 그제야 뭔가 깨달은 듯 조금씩이라도 저축을 하겠다고 했습니다.

약 10년 전 81세였던 어머니는 매월 25일이면 아침식사를 마치자마자 면 소재지에 있는 농협에 갔습니다. 당시 매월 94,000원씩 나온 기초노령연금 때문입니다. 자식들이 용돈을 십시일반으로 부쳐드리는데, 적적하셔서 그런가 농협은 아침 9시에 문을 여니 일찍 나갈 필요가 없다고 전화로 말씀드려도, 아침 8시도 안 되어 집을 나서곤 했습니다. 그 시간에 가도 많은 노인들이 줄을 서서 기다리고 있다고 했습니다.

직장을 다니며 돈을 버는 우리는 94,000원이 너무 적어서 노후에 도움이 안 된다고 생각하지만 은퇴 후 특별한 소득이 없는 사람들에게는 정말 크게 느껴지고 소중한 돈이었던 것입니다(기초노령연금은 2014년 7월부터 기초연금으로 바뀌었고 지급액도 최대 월 25만원으로 올랐습니다).

특히 40대는 은퇴가 10~20여 년밖에 남지 않았는데, 이런저런 이유로 노후준비를 제대로 못 하는 분들이 안타까워하는 말입니다. 적은 돈이라도 미래를 위해 모아놓아야 인생 3-3-3의 마지막 과정을 좀더 풍요롭게 보낼 수 있습니다. 그 시간의 시작이 20대이고 마지막이 40대입니다. '적은 돈은 노후에 도움이 안 된다'는 것은 30, 40대의 대표적인 착각입니다.

06

문제를 회피하면 해결도 없습니다

급한 것이 곧 중요한 것이라는 착각

문제 핵심을 외면하지 않고 다시 일어선 김 대리

"아내가 대형마트에서 하루종일 일을 합니다. 집에 오면 피곤해서 계속 누워 있고, 저는 그런 모습에 속이 상해서 자신감이 점점 떨어집니다."

영업직 4년차인 김 대리는 요즘 일 집중력이 약해지면서 실적도 떨어지고 수입도 많이 줄었습니다. 아이들의 과제물을 챙기고 설거지 등 집안일을 하고 아내 출퇴근을 시켜 줍니다. 좋은 남편으로, 좋은 아빠로 할 일을 잘하고 있다고 자위합니다. 그런데 정작 더 큰 문제, 중요한 문제를 외면하고 잊기 위해서 당장 급한 일을 찾아 하는 것으로 만족하는 것이 아닐까요?

아내에 대한 애틋한 마음과 처지는 인정합니다. 마음이 따뜻한 사람이라는 것도 알고 있습니다. 하지만 마지막에 따끔하게 충고를 했습니다. 일이 안 되는 이유를 스스로 만들어 합리화하지 말고 회피하고 싶은 것들을 바로 보라고요. 아내가 힘든 진짜 이유는 남편의 수입이 적기 때문이라는 현실을 직시해야 합니다.

날마다 하는 일의 합계가 우리 인생의 미래가 되듯, 우리가 하는 일을 바꾸지 않으면 미래는 절대로 바뀌지 않습니다. 현재의 모습은 우리가 어제 살아온 것의 결과라는 것을 인정하고 받아들여야 합니다. 그래야 앞으로의 일에 대해 해결책을 만들 수 있습니다. 쓴소리였겠지만 그후 김 대리가 다시 활기를 찾아 기뻤습니다.

2005년 아내의 생일날 백화점에서

저는 2005년 아내의 생일을 잊을 수가 없습니다. 아마 죽을 때까지 평생 잊을 수 없는 날일 것입니다.

2000년 초에 금융회사를 그만두고 돈을 빨리 많이 벌고 싶은 욕심에 한창 유행하던 벤처 기업으로 이직했습니다. 그런데 버블이 터지고 설상가상으로 주식투자에서 꽤 큰 손실까지 보았습니다.

게다가 발달장애를 가지고 있는 두 아이를 키우고 있기 때문에 적은 월급으로 도저히 치료비까지 지탱하기 힘들었습니다. 그럼에도 자신의 과오를 깨닫지 못하고 현실을 회피했습니다.

"왜 나에게만 이런 시련이 생기나……." 세상을 원망하며 술로 시간을 보냈으니 돌이켜보면 한심하고 답답한 시절입니다.

그러던 중 아내의 생일에 생일선물을 사주겠다며 같이 백화점에 갔습니다. 쭈뼛거리며 따라온 아내는 아무것도 고르지 않았습니다.

겨우 1만원도 안 되는 화장품을 하나 들었다가 놓았다가를 반복하다가 선물을 안 사주어도 괜찮다며 그냥 가자고 했습니다.

아내를 먼저 집에 보내고 난 뒤 혼자 백화점 화장실에서 참 많이 울었습니다. 부끄러워서 울고, 미안해서 울고, 제가 한심해서 울었습니다. 세상을 원망할 줄만 알았지 노력하지 않았던 자신의 모습을 거울 앞에서 마주한 기분이었습니다. 그동안 내가 열심히 살지 않고 쉽고 편한 길만 찾느라 가족이 힘들어진 사실을 외면했으며, 아이들이 아프고 회사가 엉망이어서 어쩔 수 없었다고 변명만 했던 저의 진짜 모습을 그날 백화점에서 만났던 것입니다.

그 이후 제 삶과 우리 가족은 많이 달라졌습니다. 저를 바꾸려 했고 인정받으려고 하지 않고 결과를 보여주려고 노력했습니다. 현실을 인정하고 진짜 문제를 직시하자 상황은 점차 개선되었습니다.

아내가 반대하는 영업을 시작했을 때도 마찬가지였습니다. 6개월 이상을 반대하던 아내를 뒤로 하고 영업을 하겠다고 나선 이유는 현실을 외면하지 않겠다는 결심 때문이었습니다. 아내가 반대한 이유처럼 쉽지 않은 길임을 알고 있었습니다. 하지만 장애아이 둘을 키워야 했으므로 계속되는 경제적 압박을 피하기보다 정면으로 맞서는 것을 택했던 것입니다.

급하지는 않지만 중요한 일

일은 중요성을 기준으로 '급하고 중요한 일'과 '급하지는 않지만 중요한 일'로 나눌 수 있습니다.

대부분의 사람들은 '급하고 중요한 일'부터 처리합니다. 누구나 급한 일은 닥치면 다 처리합니다. 이번 달에 내야 할 사교육비 등은 당장 눈앞에 벌어진 일이니 외면하기 힘들지요.

하지만 미래는 '급하지는 않지만 중요한 일'을 미리 준비하고 처리할 때 결정됩니다. 누군가가 '인생을 잘살아 왔구나!'라고 판단하는 기준은 '급하지는 않지만 중요한 일들을 어떻게 해결하느냐'에 따라 달라집니다. 미래의 결혼비용, 자녀의 대학등록금, 은퇴비용 등은 중요하지만 당장 급하지는 않은 것들입니다. 이런 일들은 아직 시간이 많이 남아 있다고 대부분 뒤로 계속 미루기 일쑤입니다.

'급하지는 않지만 중요한 일'의 특징은 상대적으로 큰돈이 들어간다는 것입니다. 하지만 피할 수 없는 일이며 준비가 부족한 상황에서 막상 마주하게 되면 삶이 힘들어집니다. 이런 큰돈을 마련하는 가장 좋은 방법은 '할부'로 준비하는 것이고, 여기서 할부는 결국 저축입니다. 신용카드 할부는 기간이 길수록 부담이 늘어나지만, 중요한 일을 대비하기 위한 저축 할부는 부담은 줄이면서 준비의 효율성을 높이는 것입니다.

지금 생각하지 않는다고, 아니 생각하지 못한다고 해서 미래의 준비가 면제되는 것은 아닙니다. 마트에 나가서 힘들어하는 아내에게 희망과 용기를 주기 위해서는 결국 남편이 중요한 것을 외면하지 않고 맞서는 용기가 필요했던 것입니다.

07

“사모님도 일하셨으면 좋겠습니다”

혼자 일해도 될 것이라는 착각

4년 전에 상담했던 분에게서 문자가 왔습니다. 당시 35세로 서울의 구청 공무원으로 재직 중이었고, 초등학교에 다니는 아이가 둘 있었으며 아내는 전업주부였습니다. 서울에서 외벌이 생활이 만만치 않다고 했습니다. 그래도 공무원이라 퇴직 걱정이 없고 노후 걱정도 덜할 텐데, 조급한 마음에 모아둔 돈과 함께 신용대출까지 받아 주식투자에 손을 댄 모양입니다. 손실이 커서 낙담을 넘어 절망적인 상황이었습니다.

부부 상담을 하며 가끔 하는 말 | 상담을 요청했던 이유도 어디에 투자를 해야 손실을 만회할 수 있을지 물어보기 위해서였습니다. 하지만 투자 종목 이야기가 아니라 그가 기대하지 않은 다른 대답을 했습니다.

“아이들이 초등학생이니 사모님도 할 수 있는 일을 찾아보았으면 합니다. 그리고 위험이 큰 투자에 대한 미련은 이제 완전히 버려야 합니다. 한 번 실패는 실수라고 할 수 있지만, 지금 상황에서 똑같은 실수를 되풀이하면 가족의 미래까지 엉망으로 만들 수 있으니까요."

그의 아내도 평소에 아이들이 좀 크면 일하고 싶어 했지만, 남편이자 가장으로서 큰일을 저지른 미안함과 주부가 돈을 벌 수 있는 방법이 그리 많지 않아서 고민했다고 합니다. 대형마트에서 계산원으로 근무하는 것도 고려했지만, 경쟁률도 높고, 아이들이 아직 초등학교 저학년이라 시간 활용이 여의치 않아 고민했답니다. 그 고민에 저도 동감했습니다.

돈이 목적이지만 상황을 고려하지 않고 쉽게 내릴 결정은 아니었습니다. 저는 조금이라도 오래할 수 있는 일을 고민하다가 보육교사를 준비하면 어떨까 하고 권했습니다. 그의 아내는 적성에 맞는 일이라며 흔쾌히 동의했고 자격증을 취득한 후 보육교사로 근무했습니다. 그리고 둘이 맞벌이를 하여 2년 만에 빚을 다 갚았습니다.

어느 날, 이른 아침에 남편에게 문자가 왔습니다.

"덕분에 아내에게 새 차를 선물받았습니다."

6년 된 중고차를 사서 5년 넘게 끌고 다녔는데, 아내가 월급으로 1년 만기 적금을 들어 새 차를 사준 것입니다. 아내는 어린이집을 차릴 꿈을 가지게 되었습니다. 꿈을 꾸면서 흘리는 땀과 노력은 고생이 아니라 즐거움과 행복이 됩니다. 뜻밖의 보람을 선물 받은 것 같아서 행복한 기분이 들었습니다.

저는 담배를 끊은 지 벌써 15년이 넘었습니다. 솔직히 말씀드리면 지금 글을 쓰는 이 순간에도 담배를 피우고 싶은 마음이 듭니다. 예전에는 하루 두 갑을 피울 정도였으니 담배를 참 좋아했던 사람입니다.

그럼에도 지금 끊었다고 말씀드리는 것은, 아니 참고 있는 이유는 다시 담배를 피우게 되면 또 다시 두 갑을 피우게 될 가능성이 높기 때문입니다. 누군가 담배를 끊는 가장 좋은 방법에 대해 조언을 구할 때면 거침없이 이렇게 말합니다.

"안 피우고 그냥 참는 것이 가장 좋습니다."

돈을 많이 모으는 것도 다양한 방법이 있습니다. 하지만 가장 좋은 방법은 이미 정해져 있습니다. 담배를 끊을 때처럼 참고 견디면 돈은 무조건 모일 수밖에 없습니다.

"많이 벌고 적게 쓴다."

그 구청 공무원 부부는 투자 손실을 메우기 위해 다른 투자처를 찾지 않고, 꾸준히 월급이 나오는 약속된 일을 시작했습니다. 아내는 돈의 특성에 대해 잘 알고 있었던 것입니다. 돈을 적게 벌고 있다면 적게 소비해야 하고, 돈을 많이 벌면서도 적게 소비하면 더 많이 모을 수 있습니다. 돈을 적게 버는 것이 문제라면 더 벌기 위해 새로운 일을 찾거나, 추가로 할 수 있는 무엇인가를 찾는 것이 현실적인 해결책입니다.

주위를 둘러 보면 지금보다 더 잘살고 싶은 사람, 좀더 풍요로워지고 싶은 사람들이 많습니다. 다른 생활을 하고 싶다면 지금까지와 다른 행동을 해야 합니다. 지금까지 가져본 적 없는 것을 가지고 싶다면 현실에 안주하지 말고 다른 것을 시도해야 합니다. 일할 수 있다는 것에 감사하고 준비하며 실천하는 것이 돈을 모으는 가장 빠르고 안전한 길임을 명심하세요.

08

무엇보다는 '어떻게', 어떻게보다는 '왜'가 중요합니다

창업하면 잘될 것이라는 착각

혹시 괜찮은 사업 아이템 있나요

직업상 많은 사람들을 만나고 연락을 주고받다 보니, 가끔 이런 질문을 하는 분들이 있습니다. 혹시 본인이 모르는 괜찮은 사업 아이템이 있는지 물어보려는 것이지요. 특히 30대 후반이나 40대 중에 이런 질문을 하는 분들이 많습니다.

김성현 씨는 처음 만났을 때 전자담배 도소매업을 하고 있었습니다. 대학을 중퇴하고 어떻게 해야 빨리 성공할 수 있을 것인가를 고민하며 창업에 몰두했답니다. 돈 한 푼 없이 워킹홀리데이 비자로 호주에 갔는데, 워낙 성실해서인지 2년 후 귀국할 때는 제법 돈을 벌어왔고 그 돈으로 전자담배 사업에 뛰어들었습니다.

성현 씨에게 사업은 가난의 탈출구였습니다. 대학 때도 공부보다 돈을 벌기 위해 무엇이든 했고, 첫 회사에 입사할 때도 면접관에게

"일을 배워서 사업을 할 거예요"라고 대답했을 정도로 사업에 대한 의지가 남달랐습니다. 그는 제가 보기에도 마치 불도저 같았습니다.

당시 전자담배 사업은 막 태동기였는데 시작과 동시에 예상보다 잘되었지만, 1년이 채 지나지 않아 곧 시들해졌습니다. 경쟁자가 너무 많이 생긴 데다가 유해성 논란도 한몫을 했습니다. 고민 끝에 두 번째 사업으로 인천의 와인바를 인수했지만 매출이 오르지 않았고 얼마 후에 정리해야 했습니다. 그러다가 금값이 계속 크게 오르자 금수집상을 개업했습니다. 예상대로 처음에는 수입이 많았지만, 2013년 초부터 금값이 하락하기 시작하자 이마저도 신통찮았습니다.

"혹시 괜찮은 사업 아는 것 있나요?"

성현 씨의 말에 물어보았습니다.

"괜찮은 사업이 어떤 것을 의미하는데요?"

"수익성이 좋은 것이죠. 힘이 들더라도 매출이나 수익이 좋다면 아무거나 다 괜찮습니다."

직장인 중에는 독립을 꿈꾸는 사람들이 많습니다. '돈을 많이 벌 수 있는 아이템은 어떤 것이 있을까요?' 성현 씨가 최근 몇 년 동안 이것저것 시도해본 이유도 결국 이것 때문이었을 것입니다. 물론 저도 예전에 가끔 사업 아이템을 생각한 적이 있으니 그를 나무랄 일은 전혀 아닙니다.

"한 가지 궁금한 것이 있는데요. 성현 씨가 생각하기에 제가 하는 일은 괜찮은 아이템인가요?"

"아니죠. 그걸 하는 사람들이 얼마나 많은데요. 요즘은 인터넷, 은행, 증권사, 홈쇼핑까지 너무나 많은 사람들이 하잖아요."

"네, 맞아요. 그럼에도 실적이 좋은 사람들이 있어요. 창업 아이템도 마찬가지일 것 같아요. 경쟁이 매우 심한 분야에서도 두각을 드러내는 사람들이 있잖아요. 새로운 사업 아이템을 찾기보다는 지금 하는 일에서 더 잘할 수 있는 방법을 찾는 것이 오히려 빠른 길일 듯합니다."

제가 자주 하는 농담 중에 이런 말이 있습니다.

"돈 되는 일 중에 쉬운 것이 있나요? 경쟁 없는 일 중에 돈 되는 것이 있을까요?"

돈을 많이 벌면서 경쟁도 없는 아이템은 거의 없습니다. 좋은 아이템을 찾기보다는 지금 하고 있는 일을 어떻게 더 잘할지를 고민하는 것이 돈을 빨리 모으는 길입니다. 그로부터 약 8개월이 흐른 후 참으로 기쁜 소식을 들었습니다.

'무엇을'보다 어떻게, 그리고 왜

"8월부터 10월까지 예물만 무려 120세트를 판매했습니다."

그의 가게는 예물을 파는 귀금속 상점이 아니라 금반지 등을 사는 금 거래소입니다. 도대체 8개월 동안 무슨 일이 있었던 것일까요?

"미소 님의 말을 듣고 많이 생각해봤어요. 돈이 되는 아이템만 계속

찾던 저에게 뜻밖의 이야기였거든요. '경쟁이 없으면서 돈도 되는 아이템은 없다, 경쟁이 심한 곳에서 성장하는 사람은 어떤 사람일까?'"

그는 전혀 생각지 못했던 곳에서 변화의 기회를 찾았습니다. 금 거래소를 운영하면서 친구들과는 거래를 하지 않았는데, 결혼을 앞둔 친구가 예물을 부탁했습니다. 친구가 넉넉하지 못한 형편이라 개당 딱 1만원만 남기고 예물을 구해주었습니다.

"소매상에서 본 것과 같은 예물을 훨씬 싸게 구해주니 매우 좋아했어요. 저도 기분이 좋았고요. 그때 마침 미소 님 말이 생각났어요. 지금 하고 있는 일을 더 잘할 수 있는 방법을 찾아보라는 것 말이죠."

성현 씨는 그때부터 생각을 바꾸었습니다. 지인들에게 예물을 고민할 때 연락하면 더 저렴한 가격에 구해줄 수 있다고 했습니다. 좋은 품질의 예물을 좋은 가격에 주선해주니 그의 진심을 알게 되었고 가족이나 다른 친구들을 소개해주었습니다. 막연하게 생각했던 '무엇을'을 '어떻게'라는 질문으로 바꾼 것입니다.

"최근에는 '어떻게'를 넘어 이 일을 하는 이유, 사명을 만들어보았어요. 전에 미소 님이 말했던 '왜'라는 물음을 진지하게 고민한 것이죠. 금은 오랫동안 변하지 않는 금속이기에, 부부의 사랑도 이처럼 오래도록 변치 않고 이어가자는 상징으로 예물로 사용되죠. 좋은 품질의 예물을 알맞은 가격에 장만할 수 있다면, 저를 통해 결혼생활을 더 행복하게 시작할 수 있는 거잖아요. 저의 사명은 '행복의 메신저가 되자'입니다."

성현 씨는 이전과는 다른 방식으로 고객을 대하고 있습니다. 예물을 인계할 때, 부부가 함께 읽으면 좋은 책을 마음을 담은 편지와 함께 선물합니다. 진심을 알아준 고객들의 소개 덕분에 화려하지 않은 조그만 가게에 무려 120명이 더 찾아온 것입니다.

사람들은 지금보다 더 좋은 사업, 직업이 없을까를 고민합니다. 하지만 그보다 '일을 어떻게 하는 것이 좋은지'를 고민하는 것이 더 쉬울 수 있습니다. 지금 하고 있는 일이 힘들고 어렵지만, 똑같은 환경에서도 잘해나가는 사람들이 분명히 있고, 그런 사람들은 우리가 하지 않는 다른 방법으로 일하고 있습니다.

성현 씨가 금 거래소 말고 새 사업 아이템이 없을지 고민하던 때와, 지금의 상황이 크게 달라진 것은 없습니다. 오히려 금값은 더 떨어졌고 서민들의 생활은 더 힘들어졌습니다. 다만 그가 '무엇을 하면 더 잘할까?'에서 시작하여 '어떤 가치를 생각하며 보람을 느낄까?'로 생각을 바꾸고 행동을 바꾼 것입니다.

지금보다 한 단계 더 발전하기 위해서는 왜 이 일을 하는지 고민해야 합니다. 단순하게 돈을 많이 벌면 좋겠다고 생각하는 사람은 돈이 어느 정도 모이면 매너리즘에 빠지게 마련입니다. 이럴 때 필요한 것이 그 일을 통해 얻는 가치와 보람입니다. 그것은 '이 일을 왜 하는지'를 스스로에게 묻는 것에서부터 출발합니다. 그렇다면 여러분이 지금 하고 있는 일에서 '어떻게'와 '왜'는 무엇인가요?

월급쟁이 부자는 큰 그림에 강합니다

Part 5

01

경제적으로 성공한 사람들의 공통점 1위

언제 펑펑 울어보셨습니까?

1993년 여름, 전 엉엉 울었습니다

1993년 어느 날 새벽 대학교 도서관 앞에서 엉엉 울었습니다.

1989년에 대학에 입학해 1학년을 마치고 군대를 다녀와 1993년 3월에 복학했습니다.

당시 아버지가 갑자기 돌아가셔서 군대를 가게 되었고, 복학 후에는 당연히 스스로 등록금과 생활비를 마련해야 했습니다. 복학하자마자 새벽 4시에 일어나 신문배달을 했고, 낮에는 도서관에서 책을 정리하는 일을 했으며, 밤에는 도서관 열람실을 관리하는 자치위원으로 활동했습니다. 하루에 아르바이트를 3개씩 뛴 것입니다.

그중에서 가장 힘든 것이 새벽 신문배달이었습니다. 지금은 신문이 매주 일요일 휴간하지만 당시는 한 달에 딱 하루만 쉬었습니다. 매일 아침 신문배달을 해야 했기에 여행도 MT도 갈 수 없었습니다. 이렇게 매일 아르바이트를 3개씩 하며 매월 약 40만원을 벌었는데, 매학기마다 장학금을 받아야만 월세와 생활비, 등록금을 마련하여 대학을 계속 다닐 수 있었습니다. 이처럼 절박한 상황이었기에 시험기간은 항상 극도의 긴장 상태였습니다(저는 8학기 중 6학기에 장학금을 받았습니다).

그날은 아침 일찍 어려운 과목의 시험이 있었습니다. 잠도 못 자고 밤새 시험공부를 했지만, 아직도 시험범위를 다 보지 못했습니다. 초조해서 침이 바짝바짝 말랐습니다.

하지만 그날 새벽에도 신문을 돌려야 했습니다. 비가 와서 우비를 입고 신문을 든 채 배달을 빨리 끝내고 시험공부를 해야 한다는 조바심에 교정을 뛰고 있던 그때, 새벽 일찍 도서관에 공부하러 오던 같은 과 친구가 아는 체를 했습니다.

"야, 명로야. 신문 돌리냐?"

"응."

"너 시험공부는 다했나 보네? 그러니 신문을 돌리는 거지?"

지금 생각하면 정말 아무것도 아닌 일입니다. 그런데 당시에는 왜 그리 서러웠던지……. 잠 한숨 못 자며 공부했는데도 아직 시험범위를 다 보지 못했고, 이 시험을 망치면 장학금을 받을 수 없으며, 그렇게 되면 어쩔 수 없이 한 학기를 휴학해야 할지도 모른다는 초조함 때문에 속 모르는 친구에게 그런 말을 들으니 너무 서러웠던 모양입니다.

철없는 마음에 일찍 돌아가신 아버지와 시골에 계신 어머니가 어찌나 원망스럽던지, 신문을 돌리다 말고 공중전화로 달려가서 집에 전화를 걸었습니다. 그러고는 영문을 모르는 어머니에게 짜증과 화를 쏟아냈습니다.

"엄마, 왜 우리는 이렇게 가난해? 난 왜 이렇게 살아야 해? 다른 친구들은 도서관에서 공부하는데, 나는 장학금을 꼭 받아야 하는데……, 이 아까운 시간에 왜 신문을 돌려야 하는 거냐고? 왜 이래야 하는 거냐고?"

서러움에 북받쳐서 무슨 말을 했는지 기억도 잘 나지 않을 정도였습니다. 전화기 저편의 어머니는 아무 말도 하지 않았습니다. '아, 어머니가 화가 많이 난 모양이구나'라고 생각하던 찰나, 전화기 저편에서 음성이 들렸습니다.

"미안하다……."

그리고 어머니는 다시 아무 말도 하지 않았습니다.

그날 저는 참 많이 울었습니다. 정말 많이 울었습니다. 속이 상해서 울고, 철없는 행동이 후회되어 울고, 어머니에게 미안해서 울고, 가난이 원망스러워 울었습니다.

벌써 25년 전이네요. 세월이 참 많이 흘렀습니다. 강산이 두 번이상 변해 버렸네요. 당시 어머니는 어떤 심정이었을까요? 그때를 돌이켜보면 참 철이 없었고 죄송했습니다. 그때의 아픈 기억이 그날 이후 지금까지 저를 열심히 살게 하는 동력이 되었습니다.

사회 초년생들을 만나보면 학자금 대출이 있는 경우가 꽤 많습니다. 직장생활 1,2년차 중에는 10명 중 3~4명꼴이고, 대출금액도 적게는 1,000만원 정도에서 2,000~3,000만원, 많게는 4,000만원이나 되는 사람도 본 적이 있습니다. 그런 사람들을 만나면 저의 학창시절이 생각나고 동병상련을 느끼곤 합니다. 때로는 안타깝고 눈물이 핑 도는 사연을 만나기도 합니다. 짐을 많이 진 사회 초년생의 힘듦에 공감하며, 그런 사람들에게 이런 말씀을 드리고 싶습니다.

지금 힘든가요? 인생의 오르막에 서 있는 겁니다

지금까지 참 많은 사람들을 만나며 재무상담을 해 왔습니다. 어림잡아 약 1만여 명을 만난 것 같습니다. 그중에서 경제적 성공을 이룬 사람들의 공통점을 찾아보았습니다.

성공한 사람들의 최고 공통점은 바로 나이가 많다는 것입니다. 성공한 사람의 대다수는 나이가 많았습니다. 물론 젊은 사람들 중에도 성공한 사람들을 만난 적이 있습니다. 그중에는 노력만으로 성공한 청년도 분명 있었지만, 대부분 부모를 잘 만났거나 운이 좋아 로또와 같은 행운을 잡은 경우, 아니면 약간 사기성이 있는 사람들이었습니다.

젊은 직장인들과 상담할 때 항상 강조하는 것이 있습니다.

"지금 당신이 차를 살 돈이 없다고 해서 실패했다고 단정 지을 수 없습니다. 마찬가지로 젊은 나이에 외제차를 타고 다닌다고 성공했다고 말할 수도 없습니다. 성공은 인생의 열매를 수확하는 시점에 결정됩니다. 열심히 살고 노후에 자식에게 손을 벌리지 않고 여행도 맘껏 다닐 수 있는 것이, 지금 외제차를 타는 것보다 더 성공했다고 말할 수 있을 테니까요."

굳이 '젊어 고생은 사서도 한다'는 고리타분한 말을 하려는 것이 아닙니다. 높은 산을 올라가 본 경험이 있으면 그보다 낮은 산은 가볍게 올라갈 수 있습니다. 고난을 극복한 경험이 스스로에게 자신감을 주기 때문입니다.

지금 힘든가요? 그렇다면 지금 여러분은 인생의 오르막길에 서 있는 것입니다. 반드시 가파른 오르막을 올라가야 정상에 설 수 있습니다. 동병상련을 겪은 사람으로서 지금 오르막을 숨차게 오르고 있는 여러분에게 힘내라고 파이팅을 외쳐봅니다. 그 기억이 여러분의 인생에 커다란 자신감으로 돌아올 것이라고 확신합니다.

02

월급쟁이 부자들은 왜 재테크 성공률이 높을까요?

선숙 씨는 어떻게 오피스텔의 고점을 맞추었을까요?

요즘 젊은이들 중에는 경제나 투자공부를 하는 사람들이 많습니다. 경제 기본서부터 체계적으로 공부한 뒤 주식공부를 하는 사람도 있고, 경매공부를 하는 사람도 있으며, 통장관리 등 돈 관리 공부부터 시작한 후 차차 경제공부 쪽으로 나아가기도 합니다.

그런데 과연 그들의 재테크 성공률은 어떨까요? 의외로 예금보다 못한 수익률을 올리거나 마이너스 수익률을 기록하는 사람들이 제법 있습니다. 심지어 공부를 해봤자 당장 재테크에 도움이 안 되니 피로감을 느끼는 사람들도 있죠. 왜 그럴까요?

재테크 비법은 멀리 있지 않습니다

오랫동안 많은 사람들을 만나본 경험치에 의하면, 의외로 자신의 일이나 생활에서 얻은 경험지표를 참고하는 사람들이 투자 성공률이 높았습니다.

물론 이들 40,50대도 경제공부의 기초를 닦고 꾸준히 공부하고 있습니다. 하지만 20,30대와 다른 점은 경제공부를 자신의 삶이나 경험과 연관시켜 생각해보는 시야가 있었습니다. 경제지표나 그래프 등에만 의존하는 것이 아니라 일종의 감이랄까, 인생을 살면서 얻은 경험지표를 가지고 있는 것입니다. 먼저 돈을 지킨 이야기부터 해보겠습니다.

경제지표는 몸으로 체득하는 것입니다

주부 선숙 씨는 어떻게 오피스텔 고점을 맞추었을까요? | 농협에 근무하는 박미선 씨(45세)는 몇 년 전 2억원으로 월세 수입을 위한 오피스텔 투자에 나섰습니다. 그러던 차에 고등학교 때 친구인 나선숙 씨(45세)를 만났습니다. 독서가 취미라 20대부터 20년 넘게 한 달에 두 번은 꼭 대형서점에 가는 친구였죠. 미선 씨가 요즘 주말마다 오피스텔을 보러 다닌다고 하자, 선숙 씨가 말했습니다.

"얼마 전에 서점에 갔더니 부동산 책이 베스트셀러 1위더라. 지난 달에도 1위였는데."

"나도 그 책을 읽은 후 오피스텔을 보러 다니는 거야. 돈이 많지 않으니 지금 빌딩을 사는 것은 턱도 없고, 일단 매달 월세를 받는 오피스텔에 투자하려고 해."

"어, 그래? 얼마 전 지인에게 몇 년 전에 마포구 공덕동에 산 오피스텔이 꽤 올라서 수익을 무척 많이 얻었다는 이야기를 들었어. 그런데 말이야, 이런 소리가 주변에서 자주 들리면 좀 위험하던데. 아 참, 갑자기 이런 말이 생각나네. '부동산 재테크 책들이 계속 대박을 치면 시장을 떠나라.'"

"뭔 소리야?"

부동산 재테크 책이 대박을 치면 시장을 떠나세요 | 다음은 지난 20여 년 동안 서점 나들이가 취미였던 선숙 씨가 들려준 이야기를 정리한 것입니다.

- **1996년 하반기, 『돈 좀 벌어봅시다』 베스트셀러 1위, 20만부 이상 판매**

  우리나라 최초의 본격 아파트 투자서
  부동산 책 최초의 경제·경영 베스트셀러 1위
→ 아파트 가격이 계속 상승하던 상황
  이듬해인 1997년에 아파트 가격 하락 가시화
  그해 12월 외환위기로 아파트 가격 폭락
→ 책이 대박을 치던 그때가 바로 아파트 가격의 꼭지(최고점)

- **2006년 『부동산 투자는 과학이다』 베스트셀러 1위**
- **2007년 3월 『39세 100억 젊은 부자의 부동산 투자법』 베스트셀러 1위**

→ 2005~06년 아파트 가격이 연일 오르고, 모 아파트는 일주일에 1억원이 뛰었다는 기사도 나오던 시기
→ 2008년 금융위기 전후해서 아파트 가격 하락 가시화
→ 부동산 책들이 연이어 대박을 치던 2005~07년이 아파트 가격의 꼭지

- **2006~07년 재개발 관련 책 베스트셀러 진입**

→ 재개발 관련 책이 경제·경영 베스트셀러가 되는 것은 처음 있는 일
→ 이때 이 책들을 보고 재개발 아파트 지분에 투자한 사람들은 꼭지를 잡은 셈

- **2016~18년 초 부동산 관련 책 베스트셀러 행진**

→ 2016~18년 초, 서울 및 수도권, 아파트 강한 상승세
→ 2018년 말~2019년 정부의 강력한 부동산 정책으로 부동산 가격 하락

선숙 씨는 친구가 경제·경영베스트셀러 1위였던 책을 보고 오피스텔 투자에 나섰다는 이야기를 듣자, 문득 예전에 봤던 책들과 그 이후 시장 상황이 연결되며 "부동산 재테크 책이 연이어 대박을 치면 시장을 떠나라"라는 말이 퍼뜩 떠올랐다고 합니다. 당시는 월세로 부자가 되는 책도 베스트셀러 1위에 드는 등 수익형 부동산 책이 잘 팔리던 시절이었습니다.

실용서의 경우 필자나 출판사가 시장의 수요에 대한 감을 잡고 출판을 결정한 후에 원고를 쓰고 책을 만드는 데 시간이 꽤 걸립니다. 게다가 우리나라 사람들은 책을 사는 데 지갑을 잘 열지 않지요. 그런데도 사람들이 돈을 내고 구매한 그 책이 베스트셀러 상위권에 오른다는 것은 그만큼 사회적 관심이 폭발하는 시기라는 것이지요. 그래서 부동산 재테크 책이 연이어 대박을 칠 때는 이미 그 시장의 끝물일 가능성이 높은 것입니다.

경매책은 다른가요? | 저도 경제·경영 베스트셀러를 유심히 봅니다만, '경매책이 대박을 친다'고 경매시장이 죽는 것은 아닙니다. 그런데 요즘 경매 전문가들을 만나 보면 "일반인들이 달려드는 때는 먹을 게 없다"고 투덜댑니다.

경매로 꽤 낮은 가격에 살 수 없다면 차라리 급매물건을 찾는 것이

더 편하지요. 일반인들은 주로 아파트나 빌라 등의 경매에 참여하는데, 입찰가를 꽤 높게 쓰는 경우가 많고, 심지어 시기에 따라서는 급매가보다 더 비싼 가격에 낙찰 받는 경우도 있다고 합니다.

미래를 위해 경매책을 사서 꾸준히 공부하는 것, 발품을 팔고, 법원의 경매장을 다녀보는 것은 좋습니다. 게중 좋은 물건이 있다면 신중하게 입찰도 해보고요. 하지만 경매책이 베스트셀러 상위권에 올랐다고 허겁지겁 사서 읽고 경매장으로 부리나케 달려가 입찰하는 것은 신중해야 합니다. "경매책이 대박을 치면 더욱 냉정해져라"라고 말하고 싶습니다.

이처럼 생업, 또는 취미 등과 관련해 오랫동안 그 변화를 지켜보며 자신만의 경험지표를 가진 사람들을 자주 만납니다. 오히려 이런 경험에 의한 감이 정확한 경우도 자주 있습니다. 경제지표가 우리의 생활과 동떨어져 있다는 생각은 착각입니다.

03

색깔이 각각 다른 경제 멘토 3명을 찾으세요

월급쟁이 부자 옆에는 항상 부자 멘토가 있습니다

40대 김재영(가명) 씨는 경제공부에 열심입니다. 책이나 경제기사만으로 공부하는 것이 아니라 현실 속에서도 뚜렷한 자신만의 나침반을 가지고 공부하고 있습니다.

그는 지난 10여 년 동안 주위 사람들의 경제에 대한 이야기를 잊지 않고 기억해두었다가, '어떤 경제상황에서 누구의 말이 잘 맞았는지, 왜 그랬는지'를 생각해 보곤 합니다. 그리 어려운 일은 아닙니다. 그냥 사람들의 의견을 기억만 해두면 되니까요. 시간이 흐르면서 주변 누구의 말이 유효했구나 식으로 나름대로 데이터를 축적하게 되는 것입니다.

재영 씨는 이렇게 해서 서로 색깔이 다른 3명을 자신만의 경제 멘토로 삼았습니다. 그리고 중요한 경제적 결정을 할 때 멘토들에게 견해를 물어보고 참고합니다.

재영 씨의 경제 나침반1 —제조업체 사장

재영씨는 2009년 1월 설날 연휴, 작은 제조업체 사장인 매형의 이야기를 매우 인상 깊게 들었습니다. 30대 초반까지 동대문 상가에서 일했으며, 15년 전에 창업자금 1,500만원으로 사업을 시작해 연 매출 200억원대의 중소기업을 일군 사람입니다.

재영 씨는 어떻게 환율 하락의 감을 일찍 잡았을까요? | 2009년 1월 당시 경제상황은 매우 어수선했습니다. 그전 해에 발생한 세계 금융위기로 주식시장은 반토막이 나버렸고, 뉴스의 헤드라인은 연일 천정부지로 치솟는 환율 소식으로 뒤덮였으며, 부동산 가격도 크게 떨어졌습니다.

"요즘 경기가 너무 나쁘다고 난리인데 사업은 괜찮으세요?"

"작년 하반기에 무척 힘들었어. 그런데 12월부터 분위기가 달라지더군. 얼마 전부터 주문이 크게 늘어났어. 공장이 생산량을 대느라 난리야."

당시 시장에서는 앞으로 경기가 더 가라앉고, 주식시장도 더욱 폭락할 거라는 공포감이 지배했습니다. 물론 '주식시장이 바닥을 쳤다'는 주장도 있었지만, 많은 사람들이 공포에 질려 긍정론에 귀를 기울이지 않았습니다. 재영 씨도 비관론 쪽에 기울어져 있었죠.

"인터넷에서는 다들 경기가 더 나빠질 거라고 하던데요? 저도 기사나 인터넷의 글을 보며 그렇게 생각했는데 의외네요."

"환율이 너무 많이 올랐어. 환율이 상승하면 수입제품의 가격이 오르잖아. 중국에서 수입품이 많이 들어오는데, 중국 제품의 가격이 오르니 이제 국내업체에 주문을 하는 거지. 게다가 환율이 오르자 해외 수출도 잘되고. 주문량이 폭주해서 공장이 쉴 틈이 없어."

"그래요? 앞으로 경기가 좋아질 거라고 생각하나요?"

"내가 경제를 아나? 경제를 전공한 것도 아니고……. 그런데 말이야, 나는 요즘이 딱 외환위기 다음해인 1998년 상황과 비슷하다는 느낌이 들어."

"왜 그런데요?"

"그때 큰 거래처가 부도나서 너무 힘들었지. 부도를 낸 사장을 찾으러 거리를 해매고……. 그런데 말이야. 다음 해가 되니 분위기가 확 바뀌더라고. 그때 환율이 1700원까지 치솟았거든. 수입제품의 가격이 오르니 국내 주문량이 늘어나지 뭐야. 수출도 잘되고. 요즘이 딱 그때 느낌이야. 외환위기 이듬해처럼 환율이 빠르게 내릴 가능성이 커 보여."

재영 씨는 그 대화를 나누었던 설 명절이 지난 후, 외화 예금통장에 있던 10만달러를 팔았습니다. 이후 환율은 3월 초부터 크게 떨어진 후 몇 년 동안 1,100원 선 내외를 계속 오르락내리락했지요. 그는 가지고 있던 달러를 일찍 팔아서 큰 수익을 거둔 셈입니다. 제조업을 하는 사장님은 재영 씨의 첫 번째 경제 나침반입니다.

재영 씨의 경제 나침반2—해외에 거주하는 친구

요즘은 해외에 지인 한두 명은 있는 경우가 많습니다. 안에 있을 때는 잘 안 보이던 것들도 멀리서 보면 잘 보이는 경우가 많지요. 우리가 지금 베트남에 간다면 부자 되기가 더 쉬울 수 있습니다. 앞으로 어떻게 발전할지, 무엇이 돈이 될지 좀더 쉽게 알 수 있으니까요.

우리나라는 수출 의존도가 매우 높기 때문에 세계 경제의 영향을 많이 받습니다. 또한 외국인 투자자들이 주식이나 채권시장에 많이 들어와 있으므로 재테크에서 환율에 대한 감각은 매우 중요합니다. 그래서 환율의 큰 흐름을 알면 주식시장 등의 큰 변화를 알기가 좀더 쉽습니다.

물론 세계 경제뉴스를 통해 소식을 접하기도 하지만 현지에 사는 사람들의 생생한 체험담은 경험지표로 삼을 만합니다. 특히 미국에 사는 사람들은 우리나라 환율에 대해 국내 사람들보다 훨씬 민감합니다. 한국에 왔다 갔다 하거나 돈을 송금할 때 환율이 10~20원씩만 오르내려도 지불할 돈이 수십만원, 수백만원이 바뀌므로 민감해질 수밖에 없죠.

재영 씨는 뉴욕에 살고 있는 고등학교 동창과 페이스북을 통해 자주 대화를 나눕니다. 친구는 미국의 IT기업에서 근무하는데 15년 전부터 세계 주식시장과 금·석유 등 원자재에 투자해왔습니다.

"미국 주택경기가 매우 좋아지고 있다는데, 네가 느끼기에는 어떠니? 미국 경기가 좋아지는 게 피부로 느껴지니? 지난주에 증권사 직원으로부터 석유 펀드에 들라고 전화가 왔는데 네 생각은 어떠니?"

"미국 경기가 하락하는 느낌이 드네. 그동안 다우지수도 많이 오르고 집값도 크게 올랐잖아. 요즘 미국 현지 느낌은 어떠니?"

물론 그 친구의 의견을 무조건 따르는 것은 아닙니다. 하지만 재영 씨의 경험으로는 미국에 있는 친구들이 직접 몸으로 느끼는 경기체감 지표는 꽤 참고할 만합니다.

재영 씨의 경제 나침반3—70대 어머니

70대 중후반인 어머니는 유복한 가정에서 자랐으나 여자가 무슨 학교냐며 할아버지의 극심한 반대로 초등학교만 겨우 졸업했습니다. 하지만 재(財)에 밝았던 할아버지 밑에서 자랐기 때문인지 재테크 감각이 매우 좋았습니다. 그래서 어머니와 자주 투자와 관련된 대화를 나누곤 합니다.

재영 씨는 지금도 70대인 어머니와 통화를 하다가 깜짝 놀랄 때가 많습니다. 자신은 이자가 얼마나 될지를 계산기나 엑셀을 이용해 계산하는데, 어머니는 전화통화 중에도 툭툭 이자를 머리로 계산해 말하기 때문이죠. 그럴 때마다 '돈을 50년 가까이 굴려온 내공이 이런 것이구나'라는 생각이 듭니다.

욕심내지 말라는 말 | 재영 씨의 어머니는 특히 부동산에 밝은 편입니

다. 결혼할 때는 맨손이었으나, 30대 초반에 고향인 수도권 도시에 작은 상가 건물을 산 후, 40대 초반에는 상가 건물 3채의 주인이 되었습니다. 상가투자법부터 세세한 부동산 관련법뿐 아니라 세입자 상대하는 법, 상가 가치를 높이는 업종 구성법과 리모델링법까지 경험이 많습니다. 특히 부동산 투자에 관해서는 어머니의 의견을 많이 참조합니다.

"친구가 ○○도시 인근에 고속국도가 새로 생길 예정이라며 땅값이 오를 것이니 같이 사자고 하네요."

"네가 여유자금이 있냐? 너는 얼마를 투자하고, 친구는 얼마를 투자하고 싶다던데?"

"마침 은행 만기가 돌아오는 예금이 있어요. 평수도 크지 않고 돈으로는 얼마 안 돼요. 저는 땅값의 3분의 2, 친구는 3분의 1을 내고, 서로 지분을 나누면 되지 않겠냐고 하네요."

"그렇게 하면 돈을 많이 투자한 쪽이 적게 투자한 쪽보다 불리한 거다. 돈을 낸 만큼 지분을 나누어 가져도 마찬가지이다. 잘못되었을 때 위험은 네가 더 떠안고, 잘되었을 경우 지렛대 효과는 친구 쪽이 훨씬 커지잖아. 나중에 팔 때도 의견이 갈릴 수 있고. 그나저나 그 친구가 누군지 몰라도 너보다 똑똑하구먼, 하하하."

"그런가요? 그나저나 어머니가 지렛대 효과도 아네요."

"할머니라고 무시하지 마라. 나도 9시 뉴스는 본다. 멀리 있는 부동산은 내 것이 아니라고 생각해야 해. 관리도 잘 안 될 뿐더러, 그 도시의 물정을 몰라 살 때는 비싸게 사고, 팔 때는 제값을 못 받는 수가 많아. 요즘 뉴스를 보면 임대용 부동산이 인기라고 난리더구나. 세상에 공짜 없다. 월세 받는 게 얼마나 어렵고 신경쓰이는데. 옆에 딱 붙어서 관리해야 내 물건인 법이다.

욕심내지 마라. 땅에 투자해서 돈을 벌었다는 사람이 많지만, 손해본 사람도 많단다. 다만 그들은 말을 하지 않을 뿐이야. 네가 잘 아는 동네에 투자해서 실패하지 않는 것이 훨씬 나은 투자다. 부동산 투자는 한 번 잘못하면 돈을 크게 잃을 수도 있으니까. 돈에 눈이 멀어 욕심내다 보면 발목을 잡힌다."

10년 전에는 안산의 임대용 원룸주택에 투자하려고 의견을 물을 겸 모시고 간 적이 있습니다. 어머니는 그중 한 건물을 힐끗 보더니 딱 잘라 말했습니다.

"이 원룸주택은 들어가 볼 필요도 없다. 사면 안 된다."

"왜요?"

"바로 옆에 교회가 딱 붙어 있잖아. 교회는 주중과 주말에 예배가 많아. 그래서 옆의 땅이나 주택은 값이 안 오른다. 그것도 모르면서 부동산 투자한다고 하냐?"

어머니는 왜 큰 손실을 본 적이 없을까요? | 재영 씨는 어머니가 투자에서 손실을 입는 것을 본 적이 없습니다. 10년 전쯤 세계 금융위기 때 주식펀드에서 몇 백만원의 손실을 본 것이 유일했습니다.

왜 그런지 생각해 본 적이 있는데, 기본적으로 자신이 잘 이해가 되지 않는 것은 투자하지 않습니다. 필요하면 은행원이나 증권사 직원들에게 꼼꼼히 물었으며, 목표한 수익률이 넘으면 젊은 투자 멘토 세 사람에게 의견을 들어보고는 과감하게 환매했습니다.

물론 그 멘토 세 사람은 자신들이 '70대 할머니의 투자 멘토'라는 사실을 모릅니다. 그냥 친척으로, 고객으로, 가끔 수리나 공사를 맡기는 70대 할머니가 지나가는 말로 몇 마디 물어본다고 생각할 뿐이지요. 재영 씨는 50여 년 동안 재테크를 해온 어머니의 감각에 지금도 자주 감탄합니다.

주변을 자세히 살펴보면, 누구나 이런저런 인연으로 얽힌 이런 사람들이 두어 명은 있습니다. 단순히 경제책을 많이 읽었거나 주식투자를 오래한 것이 아니라, 열심히 일해서 번 돈을 알토란같이 모으고, 오랜 삶의 경험으로 경기나 돈에 대한 감각이 발달한 사람 말입니다.

그들의 말을 맹신하라는 것은 절대 아닙니다. 하지만 주변에서 이런 사람들을 선택해 정기적으로 접촉하고 그들의 말에 귀를 기울이는 것도 좋습니다. 투자를 해서 큰돈을 벌기 위해서가 아니라, 투자의 실패를 막는 보수적인 투자를 하기 위해서입니다.

재테크 감각이 가장 뛰어난 직업군은?

제가 만난 직업군 중 투자를 잘하는 직업을 고른다면 바로 경영자입니다. 직원이 몇 명에 불과하더라도 그런 경향이 있습니다. 작은 회사의 오너들은 시간 여유가 많지 않아 투자를 자주 하지 않는 편인데, 성공률은 일반인보다 높은 편이고, 가끔 돈 감각이 남다른 분들을 만납니다.

경영자들은 매일 회사의 매출 데이터를 들여다보기 때문에 경기 변화에 매우 민감합니다. 특히 제조업 경영자는 실물경기의 변화를 잘못 읽으면 판단을 그르쳐 위기가 닥칠 가능성도 있기 때문에 경기 변화를 읽는 것이 익숙합니다. 그래서 재테크 감각이 남다른 것이 아닌가 싶습니다.

여러분이 근무하는 회사는 어떤가요? 경제공부를 하면서 내가 일하는 회사의 매출이나 주문량의 변화를 연결해 생각하는 버릇을 들이세요. 지금 당장은 큰 변화를 느낄 수 없지만, 세월이 쌓이면 더 큰 돈을 굴리는 시기에 이런 습관은 큰 도움이 됩니다. 경제를 책으로만 공부한다는 것은 착각입니다.

04

아는 만큼 활용할 수 있어요

은행이 우리에게 가르쳐주지 않는 것들

10년 전쯤, 은행에 갔다가 직원이 고객에게 ELS(주가연계증권) 상품을 권하는 것을 보았습니다. 주가가 작년에 비해 내렸으니 지금 ELS에 가입하면 고수익을 올릴 수 있다고 열변을 토했습니다. 뒤에 앉아 있던 제 귀에도 상담내용이 다 들릴 정도였지요.

그런데 당시는 미국에서 서브프라임 사태가 터지고, 우리나라의 환율도 크게 요동치는 등 경제의 앞날을 예측할 수 없는 시기였지요. 실제로 그해 10월에는 세계 5대 투자은행인 리먼브라더스가 파산하고, 우리 주식시장도 반토막이 났습니다. 아마 그 ELS에 가입했다면 큰 손실을 보았겠죠. ELS는 원금 보장형이 아닐 경우 주가의 변동에 따라 큰 손실을 볼 수도 있거든요.

경제상황이나 금융상품의 위험성에 대해 차분히 일러주어도 될 텐데, 무조건 가입하면 큰 수익을 얻는다고 열변을 토하는 모습을 보며 좀 답답했습니다. 요즘은 금융상품 설명을 소홀히 하는 은행직원은 거의 없지만, 그래도 우리 스스로 경제공부를 하여 준비된 고객이 되어야 좋은 금융회사 직원을 알아보는 눈도 밝아집니다.

은행 VIP 룸에 들어가는 것을 좋아하지 마세요

유통회사에 근무하는 김우현 씨(35세)가 15분쯤 늦게 약속 장소로 들어왔습니다.

"죄송해요. 은행에 잠깐 들렀다 오느라 늦었어요. 회사 근처의 ○○은행은 손님이 많아요. 번호표 뽑고 30분 이상을 기다리기 일쑤죠. 기다리지 않고 바로 VIP 센터로 들어가는 사람들을 보면 부러워요. 저는 언제 그곳에 들어가게 될까요."

"우현 씨 돈을 모으는 속도를 보면 금방 들어가겠는걸요."

"하하하, 저도 그렇게 되면 좋겠어요."

우리는 은행의 VIP 고객이 되고 싶어합니다. 저 또한 그런 시절이 있었습니다. 하지만 그 이전에 좋은 금융회사 직원을 알아보고, 좋은 금융상품을 고르는 눈을 기르는 것이 필수입니다. "VIP 룸에 들어가는 것을 너무 좋아하지 말라"는 재테크 속설도 있으니까요.

정희숙 씨(46세)는 자산을 매우 꼼꼼하게 관리하는 맞벌이 주부입니다. 가계부를 쓸 뿐만 아니라 자산 구성과 변화를 엑셀 시트에 따로 정리해 관리하고, 경제공부도 꾸준히 하기 때문에 금융 및 경제지식도 꽤 풍부한 편입니다.

"작년에 남편이 사업을 시작했어요. 오래 하던 일이고, 초기자본이 별로 들지 않는 사업이라 일단 5,000만원을 창업자금으로 투자했죠. 남편은 집의 돈은 더 이상 가져가지 않고 어떻게든 살아남겠다고 했지요. 하지만 혹시 운영과정에서 자금이 더 필요할 수도 있고, 가정이 어려워질 수도 있고……. 여유자금 5억원을 어떻게 관리해야 할지 머리가 아프더라고요. 그래서 은행 VIP 센터에 찾아가서 자산 및 수입·지출 현황을 정리한 엑셀 시트를 보여주며 우리집 사정 이야기를 간단하게 하고 포트폴리오에 대해 물어보았어요."

희숙 씨는 처음으로 VIP 룸의 PB와 상담한 것입니다. 다음날 오전 VIP 센터에서 전화가 왔습니다.

"안녕하세요? 포트폴리오를 만들어보았습니다."

"이렇게 빨리요? 고마워요. 1시간 후에 갈게요."

'VIP 센터는 뭐가 달라도 다르구나. 빠르고 친절하네.'

그런데 VIP 센터 직원이 제시한 포트폴리오는 금융자산 5억원 중 3억원을 일시불로 변액연금보험에 넣는 것으로 설계되어 있었습니다. 그 은행의 계열사인 생명보험사의 변액연금보험에요. 그리고 1억 5,000만원은 다양한 ELS 상품에, 나머지 5,000만원은 예금에 넣으라고 조언을 해주더랍니다.

희숙 씨는 아이들도 어리고, 남편의 사업도 초기여서 앞으로 어찌 될지 모르는 불안정한 상태인데, 자금을 오랫동안 묶어 두어야 하는 변액연금보험에 3억원을 가입하는 것은 아니지 않나 싶었답니다. 좋은 조언을 얻기 위해 자산과 수입, 집안의 사정까지 A4 용지 한 장에 꼼꼼하게 정리해 한눈에 알아볼 수 있도록 출력해서 주고 왔는데, '내용엔 별 관심 없고 상품을 파는 데만 신경을 쓰는구나' 싶어 실망했답니다. 변액연금보험은 해지하면 큰 손실을 보므로 장기로 두어도 될 만한 돈으로 가입하는 것이고, ELS도 잘되면 괜찮은 수익률을 얻을 수 있지만 최악의 사태에는 목돈이 만기까지 묶이거나 큰 손실을 볼 수도 있습니다. '어리숙하게 굴다가는 당하겠구나.' 희숙 씨는 절감하며 VIP 센터를 나왔습니다.

혹시 금융회사에 당신 계좌의 담당직원이 있나요? 그에게 전화를 받은 적이 있나요? 어떤 전화였나요? 제가 만난 40대 지인들에게 이런 질문을 한 적이 있습니다. 그중 한 사람의 말입니다.

"증권회사에 7년 동안 거래한 담당자가 있어요. 계좌에는 1억원 넘게 들어 있고요. 질문을 듣고 가만히 생각해보니 매번 '사라'고 하는 전화만 왔네요. '주식시장이 오를 거니까 사고, 많이 내렸으니까 사라'고……. 7년 동안 한번도 '주식시장이 당분간 많이 내릴 테니, 절반이라도 환매를 하면 어떨까요?'라는 전화는 못 받아봤어요."

여러분에게 같은 질문을 해보고 싶습니다. 여러분의 답은 어떤가요? 금융회사는 내가 어떻게 활용하느냐에 따라 득이 될 수도, 독이 될 수도 있습니다. 고객인 우리도 경제와 재테크 공부를 하며 좋은 금융상품과 직원을 알아보는 안목을 길러야 합니다.

05

생각해 보고 다시 올게요

월급쟁이 부자는 금융회사 상대법부터 다릅니다

은행들마다 분위기가 좀 다릅니다. 같은 은행이라도 지점마다 분위기가 많이 다르기도 합니다. 도보 15분 정도 거리에 있는 같은 은행 두 지점의 분위기가 꽤 달라서 놀란 적도 있습니다. 물론 은행 직원들도 매우 다양하죠.

제가 아는 분은 ㅎ은행 ㅎ지점의 담당자와 주로 거래를 합니다. 그녀와 주로 거래하게 된 이유는 한 가지였답니다.

"예금자보호법 때문에 돈을 나누어 놓느라 여러 은행을 거래해요. 그런데 그 지점에서 정기예금을 들었더니, 여직원이 포스트잇에 제 이름, 만기날짜와 금액을 적어서 통장 겉면에 붙여주더군요. 작은 배려지만, 통장이 많은 경우에는 굉장히 편리하거든요.

처음에는 '센스 있구나' 정도로 생각했는데, 다음 해에 예금이 만기가 되어 갱신하러 갔더니 또 그렇게 해주더군요. 다음부터는 은행에서 금융상품을 추천받을 때는 일부러 그 직원을 찾아요. 이런 분은 일처리가 꼼꼼하며 빠르고, 질문에도 명확하게 대답해주거든요."

우리가 먼저 준비되어 있어야 좋은 금융회사 직원이나 상품을 알아보는 눈도 생깁니다. 그렇다면 고금리 상품을 찾는 법부터 시작해볼까요.

고금리 적금/예금 찾는 법

은행 적금이나 예금 금리는 제1은행권들끼리는 그리 큰 차이가 나지 않습니다. 저는 금리가 0.1~0.2% 정도의 차이라면, 적금은 회사나 집 근처, 혹은 인터넷뱅킹이나 스마트폰 뱅킹으로 가입하고 차라리 월 1만원을 더 저축하는 것이 이득이라고 생각합니다.

하지만 시간 여유가 있는 사람들은 이자를 한 푼이라도 더 받을 수 있는 곳을 찾아보는 것도 좋겠지요. 예적금 금리는 전국은행연합회(www.kfb.or.kr) 화면에서 '소비자 포털'을 누르면 볼 수 있습니다.

전국은행연합회 사이트에서 여러 은행의 예적금 금리를 한눈에 비교할 수 있습니다.

예금금리 협상으로 150만원을 더 받았어요

은행마다 예적금 금리가 조금씩 다르지만, 인터넷이나 스마트폰을 이용하면 0.1~0.3% 정도 더 높은 금리를 받을 수 있습니다. 그런데 우리가 흔히 가는 은행 지점에서도 금리를 조금 더 주는 경우도 있습니다. 보통 규정에 따라 예금액이 얼마 이상이면 금리 몇 %를 추가로 주는 경우도 있지만, 지점장의 전결에 따라 더 주는 경우도 있습니다.

다음은 김영희 씨(42세)가 예전에 모 은행에서 했던 대화의 내용입니다.

"예금금리를 더 받을 수 있나요?"

"예금할 돈이 얼마나 되는데요?"

"1억원 정도 하려고요."

"지금 예금금리가 5.0%인데, 1억원이면 고액예금 우대금리로 0.1%를 더 드릴 수 있어요. 음……, 잠깐만요."

그 직원은 상사에게 가더니 잠시 후에 돌아와서 말했습니다.

"고액예금 우대금리로 0.1%를 더 드리고, 지점장 전결 금리로 1.4%를 더해서 6.5%까지 드릴 수 있어요. 원래는 금리를 이렇게 많이 드리지 않는데, 요즘 금융위기로 금리가 오르는 추세라서요. 내년에는 더 드릴 수 있을지 모르겠어요."

"신경을 써주어서 고맙습니다."

1억원을 1년 만기로 예금한 것이니 연 이자로 치면 세전으로 150

만원이나 이익을 본 것이지요. 자주 거래하는 은행에서 비교적 많은 돈을 넣을 때는 꼭 생각해볼 부분입니다. 하지만 무조건 "이자를 더 주세요!"라고 한다고 되는 것은 아닙니다. 은행 지점마다 약간의 재량권이 있지만, 대부분의 경우에는 요건에 맞아야 추가 금리를 줄 수 있습니다. 그러므로 다짜고짜 "이자를 더주세요"라고 하는 것보다는 이렇게 말하는 것이 좋습니다.

"제가 ○○○ 원을 예금하려고 하는데, 이자를 더 받을 수 있는 방법이 있나요?"

그러면 은행원이 조금 더 높은 금리를 받을 수 있는 방법을 알려줍니다. 스마트폰으로 그 은행과 첫 거래를 하거나 산업은행의 경우에는 산은채(산업은행채권)를 처음 살 때 추가 금리를 주기도 합니다. 은행 직원에게 친절하게 "제가 이자를 더 받을 방법이 있나요?"라고 물어보면 이런 다양한 정보를 알려줄 것입니다.

500만원도 아낄 수 있는 환전의 기술

해외여행이나 어학연수 등 달러 환전이 필요할 때도 은행원과 협상을 할 수 있습니다. 되도록 공항에서는 환전하지 마세요. 수수료가 제일 비싸거든요.

환전시 그날 그 은행의 고시환율에 달러당 20~30원 정도의 마진이 붙습니다. 고시환율은 은행마다 조금씩 다르며 하루에도 몇 차례씩 바뀝니다. 만약 고시환율이 달러당 1,050원이고, 여러분이 달러를 살 때는 1,070원, 팔 때는 1,030원이라면 고시환율과의 차액인 20원이 은행의 수수료 수입인 셈입니다.

또한 은행 어플을 이용하면 지점보다 유리한 환율로 환전하는 것은 물론이고, 통화에 따라 우대율을 적용받아 환전할 수 있습니다. 수수료를 50%쯤 깎아주는 이벤트를 이용해보세요. 환전 수수료의 폭은 경제상황, 은행의 달러 수급 상황에 따라서 다르므로 일률적으로 말할 수는 없습니다. 하지만 많은 돈을 환전할 때는 이 정도는 물어보는 것이 좋습니다.

"외화통장에 든 1만 달러를 원화로 바꾸려고 해요. 달러당 얼마에 바꿀 수 있을까요?"

"지금 고시환율이 1,050원이고, 달러를 원화로 바꿀 때는 달러당 1,030원에 드립니다."

"저기, 수수료를 깎아줄 수 있나요?"

이 과정은 상점에서 물건값을 깎는 것과 약간 비슷합니다. 보통은 환전 수수료를 50% 정도 깎아주며, 거래가 많은 경우에는 70% 감면을 기대할 수도 있습니다. 1만 달러를 원화로 환전한다면, 수수료 감면으로 20만원 정도 이득을 보는 셈이죠. 저는 수수료 500만원을 아낀 사람도 봤습니다. 은행 거래도 아는 만큼 이득을 봅니다.

금융상품 가입 전에 예습부터

이종훈 씨(34세)가 실제로 겪은 일입니다.

종훈 씨는 몇 년 전 인덱스 펀드에 가입하기로 했습니다. 인덱스 펀드는 주가지수에 따라 움직이게 설계된 펀드로 수수료가 매우 쌉니다. 당시 주식시장이 크게 내릴 것 같아서 월 30만원씩 적립식으로 투자하고, 폭락하면 여윳돈을 더 투자할 생각이었죠.

종훈 씨는 인터넷에서 검색하여 모 인덱스 펀드를 골랐습니다. 펀드 설정액(펀드 자산)이 크고, 주가지수와 연동성이 좋았으며, 수수료가 매우 낮은 걸 선택했죠. 그런 다음 그 펀드를 파는 은행을 확인해 근처의 지점으로 갔습니다.

"○○○ 펀드에 월 30만원씩 적립식으로 가입하려고 합니다."

"저희 은행에서 그런 인덱스 펀드도 판매하나요? 들어본 적이 없는데……. 그것보다 이 펀드에 가입하는 게 어떨까요? 요즘 이 펀드에 가입하는 고객들이 많아요."

종훈 씨가 보니 중국 펀드였습니다.

"저는 우리나라 주식시장에 투자하는 인덱스 펀드에 가입하고 싶어요. 미리 이 은행의 홈페이지에서 그 펀드를 판다는 걸 확인했어요. 찾아보면 그 펀드가 있을 거예요."

그제야 은행원은 펀드 표를 가져와서 찾아보았습니다.

"아, 있긴 하네요. 그런데……, 이건 어떠세요? 요즘 고객들이 많이 찾는 인덱스 펀드인데요."

종훈 씨가 보았더니 그 은행 계열 자산운용사의 인덱스 펀드인데 수수료가 높았습니다. 인덱스 펀드는 주식시장의 지수와 같이 움직이게 설계되어 있기에 수익률 차이가 거의 없어서 수수료가 매우 중요한 선택 포인트입니다.

“원래 투자하려고 했던 인덱스 펀드에 들고 싶어요. 30만원씩 적립식으로 가입해주세요.”

은행이나 증권사에 가기 전에는 내가 가입하려는 금융상품에 대해 공부하고 가는 것이 좋습니다. 엉겁결에 엉뚱한 상품에 가입하는 실수를 하지 않으려면요.

종훈 씨가 은행이나 증권사에서 자주 하는 말

목돈이 모이기 시작하면 은행예금뿐만 아니라 ELS(주가연계증권), DLS(파생결합증권) 등 다양한 상품들을 활용하게 됩니다. 하지만 사전지식 없이 앉은자리에서 금융회사 직원의 설명만 듣고 가입하는 것은 섣부른 행동입니다.

저는 은행에서 무려 3억원을 ABCP(자산담보부 기업어음)에 가입하고 난 후, 뒤늦게 그것이 무슨 상품인지 물어보는 사람도 본 적이 있습니다. 원래는 정기예금에 들려고 했는데, 예금보다 이자를 더 준다는 설명에 덜컥 가입한 것이죠.

종훈 씨도 예전에는 그랬다고 합니다. 그래서 일단 은행 직원으로부터 설명서를 받아와서 꼼꼼히 읽고 필요한 정보를 찾아본 후에 가입하는 습관을 들였습니다. 내성적인 그는 처음에는 이런 말이 입에서 잘 안 나왔지만, 요즘은 자주 하게 되었습니다. “생각해보고 다시 올게요.”

06

돈은 한정되어 있으니 신중해야 합니다

보험공부는 꼭 해야 합니다

학업을 마치고 직장생활을 시작했다는 것은 이제 경제적으로 독립한다는 것입니다. 그런데 혹시라도 불의의 사고나 질병이 생기면 부모님에게 경제적인 부담을 주게 되죠. 부모님에게 가는 경제적인 부담을 막는 최소한의 의무가 보험일 수 있습니다. 그렇다고 무턱대로 권유하는 대로, 남들이 좋다니까 가입해서는 안 됩니다. 보험은 사회 초년생이 지출하는 경제적 결정 중 전세금 등을 제외하고 가장 큰 금액에 속합니다. 또 해지하면 손해를 보게 되므로 가입에 신중할 필요가 있습니다. 보험공부를 충분히 해야 하는 이유입니다.

종신보험, 정기보험이란

종신보험은 사후에 보장받는 보험이라는 잘못된 정보 때문에 굳이 필요없다고 오해하는 경우가 자주 있습니다. 처음 이 보험이 출시될 때는 사망시에 보험금을 지급하는 것이 전부였지만 지금은 사망보장+

건강특약으로 설계됩니다. 건강특약은 각종 질병과 사고로부터 발생할 병원비에 대한 부담을 완화하도록 설계됩니다. 사망보장 또한 고도장해 및 치매, 중풍 등 일상생활 장해시에도 혜택을 받을 수 있도록 지급 범위를 넓히고 있죠. 그러므로 종신보험은 앞에서 설명한 다양한 기능을 종신토록, 평생토록 보장한다는 의미로 확장되었다고 보면 됩니다.

정기보험은 정해진 기간 동안에만 보장을 해주겠다는 의미입니다. 종신보험보다 보험료가 저렴하지만, 보험기간이 끝나는 순간 모든 특약이 종료됩니다. 은퇴 이후 노후생활이 길어진 100세 시대에는 그리 좋은 해결책이 아닐 수 있습니다. 차라리 종신보험에 정기특약을 추가하는 형태를 고려해볼 만합니다. 젊었을 때의 사망보장은 정기특약으로, 은퇴 이후 노후 건강보장은 종신보험에 붙는 건강특약으로 가입하는 것이 훨씬 유리할 것입니다.

보험료를 절약하는 '실손의료보험 + 생명보험' 가입방법

의료비에 대한 대비는 실손의료보험과 생명보험을 적절하게 균형을 맞추어 가입하는 것이 좋습니다. 실손의료보험은 본인이 부담한 병원비를 보상해주는 보험으로, 2015년부터 본인 부담 병원비의 80%를 보상하고 있습니다. 수술시 본인 부담금이 100만원이 나왔다면 보험금으로 80만원을 주는 것이죠(2018년 이후 새로운 실손보험은 70%까지 보상 예정).

실손의료보험의 함정 | 갱신형 보험은 약정기간이 끝나고 갱신될 때마다 보험료가 인상됩니다. 현재 판매되는 모든 실손보험과 대부분의 생명보험은 갱신형입니다. 갱신주기는 1년, 3년, 5년, 10년 등 다양한데, 2013년 1월 이후에는 모든 상품이 1년 갱신형이 되었습니다.

그런데 일부 갱신형 실손의료보험은 처음 가입할 때와 20~40대까지는 보험료가 저렴한 편이지만, 의료비 지출이 늘어나는 50대 이상이 되면 크게 인상됩니다. 특히 암 보장, 뇌출혈, 수술 등 중대위험 특약의 갱신 보험료는 매우 비싸집니다. 그래서 정작 보험 혜택이 필요한 50대에 보험료 때문에 어쩔 수 없이 해약하기도 합니다.

특히 의료수가에 큰 영향을 받는 입원과 통원의료비 특약은 갱신형으로 운영되고 있습니다. 만약 생명보험과 실손의료보험을 드는 사람이라면, 실손의료보험의 갱신되는 각종 특약 중에서 질병, 통원의료비만 선택해 가입하세요. 이렇게 하면 앞으로 갱신되더라도 보험료가 크게 오르지 않습니다. 그런 다음 생명보험에 가입할 때 사망보장+암보장+뇌출혈+심장질환+수술보장 특약을 추가하면 됩니다. 이때 이 특약들을 갱신형이 아니라 납부기간 동안 동일한 보험료를 내고, 혜택은 현재 기준으로 80세 이상까지 받을 수 있도록 해야 합니다. 그러면 앞으로 보험료 부담을 줄이면서도 합리적으로 보장받을 수 있습니다.

생명보험으로 암과 같은 비교적 큰 위험을 대비하고, 실손의료보험은 때때로 발생하는 병원 치료비를 부담하게 하여 의료비로 인한 경제적 손실을 최소화하는 것이지요.

연금보험 제대로 가입하기

연금보험의 가장 큰 장점은 연금 개시 시점에 건강이나 재정상황에 따라 수령방법을 선택할 수 있다는 것입니다. 몇 살이든, 100세 이상이라도 사망할 때까지 받을 수 있습니다(종신형). 목돈으로 받으면 사업 등으로 날릴 수도 있으므로 매월 꼬박꼬박 일정금액을 정해진 기간 동안 정기적으로 받을 수도 있습니다(확정형).

저는 연금보험은 투자나 재테크가 아니라 노후를 위해 강제로 떼어놓는 것이라 말씀드리곤 합니다. 지금 받는 급여에서 노후를 위해 강제로 적립하는 의미인 것이죠. 다음은 연금을 가입할 때 고려할 점입니다.

첫째, 연금은 장기간 복리로 운영되기 때문에 작은 액수라도 일찍 시작하는 것이 좋습니다. 둘째, 부부의 경우에는 보통 수명이 더 긴 아내의 비중을 남편보다 크게 가입하는 게 낫습니다. 셋째, 연금은 워낙 장기상품이므로 무리하지 말고 적절한 금액으로 가입하는 것이 좋습니다. 처음에는 적게 시작하고, 수입이 늘어나면 기존 연금에 추가불입을 하거나 새로 연금을 가입하면 됩니다. 넷째, 자녀들을 위해서라도 반드시 가입하세요. 나이 들어 자식에게 부담을 주지 않는 부모가 될 수 있도록 미리 준비하는 것이 결국 먼 장래에 자식을 위하는 길입니다.

태아보험과 어린이 보험은 이렇게

요즘은 임신하면 태아보험을 드는 경우가 많습니다. 태아보험은 임신 22주 이내에 태아를 위해서 가입하는 보험인데, 일반 '어린이 건강보험'에 임신 도중에 발생할 수 있는 여러 위험(인큐베이터, 장애아 출산 등)에 대한 보장을 추가한 것입니다. 태아보험은 아기가 태어난 이후에는 어린이보험이 되는데, 생명보험보다는 손해보험으로 가입하는 것이 좀더 경제적입니다. 생명보험은 주로 암 등의 큰 질병 위주인데, 어린이들은 큰 병보다는 놀다가 다치거나 잔병이 더 많으므로 손해보험이 더 유리한 것입니다. 아이를 출산하면 부부의 보험 보장이 충분한지 점검하고 교육비 계획을 세우는 것도 필요합니다.

운전자보험은 가입하는 게 좋을까요

운전자보험에 대해 궁금해하는 사람들이 많습니다. 의무적으로 가입하는 자동차보험은 사고가 났을 때 상대방, 또는 양측의 자동차와 관련된 보장을 위주로 하는 반면, 운전자보험은 운전자를 위주로 보장해주는 보험입니다. 벌금, 합의금, 면허정지/취소 보장이 있습니다. 소멸성 운전자보험은 대부분 1만원 내외로 가입할 수 있고, 실손의료보험에 가입할 때는 특약으로 운전자보험을 넣어 가입할 수도 있습니다.

보험 리모델링 하는 법

되도록 해지하지 말아야 하는 보험 | 첫째, 보장성 보험은 보장기간이 충분하다면 되도록 해지하지 마세요. 보통 세월이 흐를수록 보장내용이 고객에게 불리하게 변하므로 예전에 가입한 보장성 보험은 해지하지 않는 것이 좋습니다. 대표적인 예로 실손의료보험은 과거에는 환자가 부담하는 병원비의 100%를 보장했지만 현재는 보장범위가 70%로 줄었습니다. 보험료는 나이가 많아질수록 올라가기 때문에 해지한 후 다시 가입하려면 비용을 더 많이 내야 합니다.

둘째, 2000년 전후에 가입한 저축보험이나 연금보험은 금리가 높고 확정금리여서 저금리 상황에서는 더욱 좋은 상품입니다. 이런 보험들은 절대 해지하지 마세요.

셋째, 연금저축보험에 가입하면 소득공제를 받을 수 있는데, 중도에 해지하면 그동안 공제를 받았던 세금뿐만 아니라 가산세까지 내야 할 수 있습니다. 특별한 사유가 없다면 해지하지 말아야 합니다.

보험 해지에도 순서가 있습니다 | 첫째, 중복 보상이 안 되는 상품은 무조건 하나는 해지하세요. 예로 실손의료보험은 2개 이상을 가지고 있어봤자, 내가 낸 병원비의 70~80%만을 보장받을 수 있습니다. 손해보험협회 사이트(www.knia.or.kr)에서 손해보험의 중복 가입 여부를 확인할 수 있습니다.

둘째, 기대수명이 늘어나고 있으므로, 보장성 보험의 보장기간이

60~70세로 짧다면 보장기간이 긴 보험으로 변경하는 것을 고려해보아야 합니다.

셋째, 주택마련이나 기타 급한 사정으로 보험을 반드시 해지해야 한다면 사망이나 질병보험, 그리고 실손의료보험(중복 가입한 경우는 제외)은 일단 놔두고 저축성 보험부터 해지하는 것이 맞습니다.

미래의 후회를 막으세요—변액보험

변액보험은 주식과 채권에 투자하는 펀드로 운영되며 그 운영결과에 따라 나중에 받는 보험금이 변할 수 있습니다. 사업비가 높은 편이며, 가입 초기에 해약하면 큰 손해를 보는 경우가 많다 보니 안 좋은 인식도 많습니다. 장점도 있는데 이를 충분히 이용하려면 다음과 같이 해야 합니다.

첫째, 보험료는 10년 이상을 적립해두어도 괜찮을 만큼만 가입해야 합니다. 보험료를 높게 책정하면 나중에 부담되어 유지하지 못할 수도 있습니다. 보험은 해약하면 손실이 매우 큰 금융상품입니다.

둘째, 변액보험은 보험회사의 운용능력이 중요합니다. 지나치게 공격적인 투자성향의 회사는 피하는 것이 좋습니다.

셋째, 결혼자금, 주택마련 자금 등 단기적인 목적의 돈은 변액보험에 들면 안 됩니다. 10년 후에 사용할 자녀교육비, 노후생활 등의 목적으로 준비해야 하는데, 3~5년과 같은 단기자금 사용 목적으로 준비했다면 무조건 실패할 수밖에 없는 투자가 됩니다.

금융자산 10억, 재춘 씨는 어떻게 분산투자를 할까요?

월급쟁이 부자들의 분산투자는 시작부터 다릅니다

몇 년 전 펀드를 추천해 달라는 분들에게 베트남 펀드를 추천한 적이 있습니다. 베트남은 물가상승률이 높고 외환보유고가 부족한 것이 약점이지만, 인구가 9,500만명이 넘는 데다가 젊은층 인구의 비중이 높으며 자원이 풍부하고, 경제개발로 도시화가 활발하게 진행된다는 장점이 있었습니다. 당시 베트남의 향후 경제발전 가능성을 높게 보고 추천했던 것입니다. 게다가 그때 베트남의 주가지수인 비나인덱스(VNINDEX)는 몇 년에 걸쳐 하락해 매우 낮은 수준에 있었던 것도 매력이었습니다.

김용기 사장님 부부는 운영하던 사업을 정리하고 목돈을 가지고 있었는데, 주식이나 펀드에 투자해본 경험이 없었습니다. 그런데 베트남 펀드에 덜컥 2억원을 전부 투자하겠다고 했습니다.

"투자에는 '절대'라는 것이 없습니다. 저도 직접 투자를 하지만 누구나 판단은 틀릴 수 있습니다. 걱정하지 않고 발을 뻗고 잘 수 있을 만큼만 보수적으로 투자할 때 오히려 수익도 많이 낼 수 있습니다."

결국 김 사장님은 그 돈의 일부만 투자했고, 다행스럽게도 몇 달 뒤에 약 30%의 수익을 얻었습니다. 그는 한때 펀드 수익률이 -10%로 떨어지자 해약할까 고민했답니다. 그때 버틸 수 있었던 것은 큰 욕심을 부리지 않았기에 그 정도 투자금은 잘못되더라도 감당할 수 있다는 자신감이 있었기 때문입니다.

재테크도 두 줄로 세워야 합니다

자산관리 상담을 하면서 항상 강조하는 것이 있습니다. 바로 '재테크 두 줄 세우기'입니다. 야구장의 매표소에서 친구와 한 줄에 같이 서 있으면 심심하지 않아 좋긴 하지만, 한 줄씩 나누어 서 있다가 먼저 도착하는 줄에 합류하면 표를 좀더 빨리 살 수 있습니다.

재테크도 두 줄 세우기가 필요합니다. 특히 투자의 경우 그 어디에도 확실한 보장이 없습니다. 과거에 수익률이 좋았다는 이유로, 또는 분명 투자에 성공할 것이라는 확신으로 특정 상품에 올인하면 위험을 한꺼번에 부담해야 합니다. 투자를 할 때는 '혹시 잘못되면 어쩌나' 하는 여지를 남겨두어야 위기에서 버틸 수 있고 높은 수익을 얻을 가능성도 높아집니다.

자산을 여러 곳에 분산투자를 해야 한다는 말은 누구나 들어본 적이 있을 것입니다.

1981년 예일대학의 제임스 토빈 교수는 노벨 경제학상 수상 직후

기자회견에서 자신의 '포트폴리오 이론'에 대해 이렇게 말했습니다.

"여러분, 계란을 몽땅 한 바구니에 담아서는 안 됩니다. 만일 그 바구니를 떨어뜨리면 모든 것이 끝장이 나기 때문입니다."

'계란을 한 바구니에 담지 말라'(Don't put all your eggs in one basket)는 유명한 투자 격언은 이렇게 생겨났습니다.

계란을 한 바구니에 담은 경우

분산투자란 위험을 줄이기 위해 자산을 여러 곳에 나누어 투자하는 것입니다. 사회 초년생은 적금이나 펀드를 통해 종잣돈을 모으는 시기이므로 분산투자라는 말이 멀게 느껴질 수 있지만, 목돈이 모이기 시작하면 분산투자는 자산관리에서 매우 중요해집니다.

10년 전 부산에서 50대 여성을 만난 적이 있습니다.

"작년에 중국 펀드 수익률이 한창 높았잖아요. 친구들도 중국 펀드로 이익을 많이 봤다고 하더라고요. 마침 원룸 건물을 팔아서 8억원이 있었어요. 증권회사 담당자도 추천하길래 그 돈을 모두 중국 펀드에 투자했죠."

"올해 중국 경제가 매우 안 좋으니 손실을 많이 보셨겠네요."

"현재 6억원이나 손해를 봤어요. 지금 사는 아파트 말고는 그게 전 재산이었는데……. 먼저 세상 떠난 남편과 함께 시장에서 새벽부터 장사를 해서 모은 돈인데, 내가 미쳤나 봐요. 요즘 잠이 안 와요."

자산을 한 바구니에 모두 담으면 이처럼 큰 투자 손실을 입을 수 있습니다. 그래서 분산투자 이야기가 나오는 것입니다.

분산투자를 잘못해 30억원이나 잃었어요

벤처회사를 경영하던 김 사장님은 회사 지분을 넘기고 대금으로 100억원을 받았습니다. 그는 이 돈을 어디에 투자할까 고민하다가 강남 모 은행의 PB센터를 찾아갔습니다.

"계란을 한 바구니에 담지 말라는 말을 들어보셨죠? 여러 곳에 분산투자를 해야 손실을 피할 수 있습니다."

김 사장님은 담당 PB의 추천을 받아 100억원을 한국·중국·미국·브라질 등의 주식펀드에 투자했고, 석유 등의 원자재 펀드에도 가입했으며, 부동산 리츠 펀드도 샀습니다. 그런데 그는 저를 처음 만났을 때 자그마치 30억원이나 손실을 본 상황이었습니다.

"은행에 예금을 들었다면, 지금쯤 은행 이자만도 10억원 가까이 되었을 거예요. 제가 속병이 생겼어요. 한때는 손실이 60억원까지 났었죠. 그나마 회복되어 지금은 손실이 30억원인 거예요. 밤에 잠이 안 오고 자다가도 벌떡 일어나게 돼요."

그는 분명 은행 VIP 센터의 담당 PB의 조언을 받아 분산투자를 했는데, 왜 이런 일이 생겼을까요?

성격이 다른 바구니에 넣어야 분산투자입니다

분산투자는 단순히 돈을 쪼개어 놓는 것이 아닙니다. 각 경제상황에 따라 가격의 움직임이 다른 상품들에 나누어 놓아야 진정한 분산투자라고 할 수 있습니다.

목돈 1억원을 삼성전자 주식과 현대자동차 주식에 각각 5,000만원씩 넣어두었다고 칩시다. 이것은 분산투자일까요?

현명한 분산투자로는 보기 어렵습니다. 물론 한 회사의 주식에 몽땅 투자하는 것보다는 위험이 적을 수 있지만 2008년과 같은 경제위기가 오면 두 주식 모두 폭락합니다. 위험을 제대로 대비하는 진정한 분산투자라고는 할 수 없습니다.

분산투자를 제대로 하려면 | 우리나라 경제와 각 투자상품의 특성을 제대로 알아야 효과적으로 분산투자를 할 수 있습니다.

우리나라는 부존자원이 부족하고 생산능력에 비해 인구가 적어서 해외수출에 의존하며 무역 의존도가 높습니다. 그래서 미국 등 세계경제가 호황이면 우리나라 경기도 좋아질 가능성이 높고, 미국이 경기침체에 빠지면 우리나라 경기도 침체될 가능성이 매우 높습니다. 이처럼 경제가 수출에 의존하다 보니 주식 등 투자상품들은 환율에 큰 영향을 받을 수밖에 없습니다.

1달러당 환율이 1,000원에서 1,500원으로 오르면 어떻게 될까요? 1달러짜리 볼펜을 수출하던 회사가 가격을 0.9달러로 낮추어도 됩니다. 즉 우리나라 수출기업의 가격 경쟁력이 높아져 수출이 늘어나게 됩니다.

반면 미국인 존이 환율이 1달러당 1,000원일 때 우리나라 주식시장에 100달러를 원화로 바꾸어 투자했다고 해보죠. 그런데 환율이 1,500원으로 상승하면 겨우 67달러 정도를 받게 됩니다. 주식가격은 변화가 없더라도 환율 상승 때문에 환차손을 입는 것이죠. 그러므로 환율이 계속 오를 것 같으면 외국인 투자자들은 우리나라 주식시장에서 탈출합니다.

대체로 우리나라는 즉 환율이 계속 크게 오르면 우리나라 주식, 부동산 시장은 크게 떨어질 가능성이 높습니다. 항상 그런 것은 아니지만, 2008년 같은 경제위기 상황에서는 그러합니다.

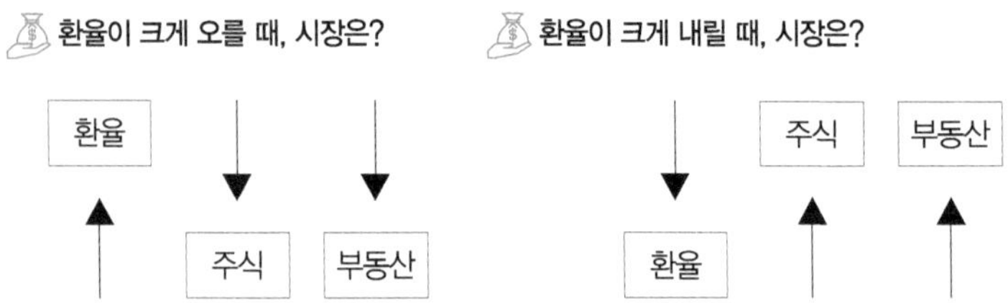

그러므로 우리나라 사람들은 주식과 달러 자산(달러, 미국 채권, 미국 주식)을 함께 가지고 있는 것이 일종의 분산투자라고 할 수 있겠지요. 좀 어려운가요? 이제 실제 포트폴리오를 살펴보죠.

금융자산 10억원, 재춘 씨는 어떻게 분산투자를 할까요

 자산이 많은 사람들을 만나면 돈을 어떻게 모았는지, 그리고 현재 어떻게 관리하고 있는지 묻곤 합니다.

중소기업에서 근무하다가 작은 사무실을 운영하고 있는 임재춘 씨(48세)는 살고 있는 아파트와 15억 상당의 원룸 건물, 그리고 금융자산이 10억원입니다. 회사 가치를 제외한 자산은 약 36억원, 월세 보증금을 제외한 순자산이 33억원이 넘습니다. 결혼할 때 부모님의 도움 없이 거의 맨손으로 시작했으며 월급이 많은 직업도 아닌데, 어떻게 자산을 모아왔는지 궁금해서 물어보았습니다.

"기본적으로 가장 많은 돈을 벌어다 준 것은 '일'이었어요. 지금의 직업을 천직이라고 생각하며 최선을 다해서 일했더니 자연히 월급이나 수입이 늘더군요."

"보통 그렇게 일해봤자 회사가 알아주는 것도 아니고, 나이가 들면 권고사직을 당할 수도 있고. 그렇지 않나요?"

재춘 씨는 웃더니 이렇게 말했습니다.

"제가 참 많이 듣던 이야기네요. 그럴 수도 있죠.

회사를 그만두고 창업할 때, 멘토인 업계 선배 사장님에게 인사를 갔더니 '한창 회사가 잘나가는데 그만두는 게 아깝지 않겠느냐?'고 물으시더군요. 그래서 '아깝지 않습니다'라고 했어요.

직장생활을 할 때 '네 회사도 아닌데 왜 그렇게까지 일을 하냐? 바보처럼 일한다'는 소리를 많이 들었어요. 하지만 그 과정에서 배운 것이 많아요. 현재 경기가 불황이어도 작은 회사를 큰 어려움이 없이 운영하고 있는 것은 그 시절의 경험 때문이라고 생각해요.

주변에 창업한 친구들이 많은데, 한 가지는 말할 수 있어요. 30대 때에 '네 회사도 아닌데 왜 그렇게 열심히 달라붙냐? 바보처럼'이라는 말을 들은 사람치고 창업해서 실패하는 경우를 본 적이 없어요. 큰 성공은 못하더라도 다들 직장생활보다는 나은 수입을 올리고 있죠. 우리가 회사를 위해 그렇게 일했을까요? 아니요. 일이 좋아서 그냥 한 거고, 덕분에 커리어를 쌓은 거였죠. 제 경험으로는 내가 노력하면 다른 곳에서라도 꼭 대가가 돌아오더군요."

"돈은 창업 후 번 것인가요?"

"대부분은 아니에요. 맞벌이를 했는데, 처음에 월급이 많지 않았지만 회사가 잘되어 꽤 올랐고 새로운 팀을 맡아 성공시켜 특별 보너스도 많이 받았어요. 그때 경제적 기반을 빨리 잡았죠. 일하느라 부동산 투자를 별로 안 했는데, 어쨌거나 거기에서도 조금 벌었고요."

"금융자산은 어떻게 분산투자를 하나요?"

"맞벌이 부부는 일하랴, 애들 키우랴 재테크에 집중하기 힘들죠. 제게 '어디에 투자해야 하냐?'고 물어보는 동종업계 사장님들이 있는데, '우리처럼 바쁜 사람들은 일에 열중하는 것이 돈 버는 거야. 수익률에 연연하지 말고, 관리하기 편한 곳에 넣어 놓고 일에 집중하는 게 더 나아'라고 말하곤 하죠."

"금융자산 중에 가장 많은 비중을 차지하는 것은 뭔가요?"

"보수적인 투자를 하기 때문에 40%인 4억원은 예금으로 여러 은행에 나누어 놓았어요."

"두 번째로 많은 자산은 뭔데요?"

"20%는 주로 원금보장형 ELS(주가연계증권)나 DLS(파생결합증권) 등에 투자해요. 은행 이자보다는 수익률이 높으니까요. 얼마 전에 은행에 가 보니 제1은행권의 예금금리가 2%가 조금 넘던데, 그보다 2~4% 정도 높은 수익률을 노릴 수도 있으니까요. 그런데 수익률이 좀 낮더라도 주로 원금보장형에 투자해요. 투자할 때 상품구조를 꼼꼼히 살펴보지만, 원금보장형은 적어도 원금을 잃을 염려는 없어서 크게 신경 쓰지 않아도 되니까요."

재춘 씨의 말을 들으며 궁금해서 물어보았습니다.

"주식투자는 하지 않나요? 보통 주식투자를 많이 하잖아요."

"개별 주식에는 투사하지 않아요. 세상에 공짜가 어디 있겠어요? 그만큼 노력해야 하고 손실을 볼 위험도 많고요.

금융자산의 20%는 한국 주식시장과 연계된 인덱스 펀드나 주식 ETF를 사요. 개별 주식을 사는 것보다 안정성도 있고 아무래도 신경을 덜 써도 되니까요. 수수료도 싸고요. 2억원을 모두 투자한 것은 아니고, CMA 통장에 넣어둔 후 평소에는 주식형 인덱스 펀드에 월 100만원씩 적립식으로 자동이체를 해요.

그러다가 주식시장이 계속 폭락한다고 난리가 나면 주가지수가 내려갈수록 인덱스 펀드에 200만원, 500만원, 1,000만원 식으로 추가 불입을 합니다. 반면 신문이나 방송에서 주식시장이 계속 오른다고 난리가 나고 주변에서 '주식을 할까?'라는 소리가 자주 들리면 일정 분량을 팔고요. 거래는 자주 하지 않는 편입니다. 바쁘고 정신없어서 신경 쓸 틈이 없어요. 오르든 내리든 생난리가 날 때에야 움직이는 것이지요."

"그래서 수익률은 어떤가요?"

"아, 핵심을 찌르시네요. 수익률이 아주 높지는 않아요. 그래도 은행이자보다는 훨씬 높지만요. 대신 주가가 많이 떨어지는 시기에도 수익률이 크게 떨어지지는 않지요. 주식시장이 계속 내려 폭락 소리가 연이어 들릴 때에야 투자액을 늘리니까요. 난리가 나면 인덱스 펀드에 300만원 불입하고, 거기에서 더 떨어졌다고 난리가 나면 500만원 넣고 이런 식이죠."

"다른 금융상품은 가지고 있는 게 없나요?"

"자산의 10% 정도는 달러로 가지고 있어요. 우리나라 경제는 세계 경제상황에 민감하기 때문에 경제위기가 오면 주식이 폭락하고 환율은 크게 상승하잖아요. 이때 제가 가진 주식 펀드나 ETF에서 큰 손실이 생길 수 있으므로 그것을 만회하기 위해 달러를 가지고 있는 것이죠. 헤지용으로는 미국 채권이 더 낫다는 소리도 듣긴 했는데, 바쁘고 신경 쓰기 귀찮아서 그냥 달러를 가지고 있어요.

사실 2008년 금융위기 때는 미리 사둔 달러, 엔 등으로 불과 몇 달

만에 50% 가까운 수익을 얻기도 했어요."

"금융자산의 나머지 10%, 1억원으로는 무얼 하나요?"

"3%인 3,000만원은 비상금으로 가지고 있고요. 7%는 공격적인 투자를 해요. 브라질이나 베트남, 중국 등의 상황을 보고 어떨 때는 사고, 어떨 때는 파는 식으로 투자하죠. 원자재 펀드를 많이 살 때도 있고요. 우리나라는 경제성장률이 둔화되는 시점에 와 있으니, 해외로 조금 눈을 돌려도 되지 않을까 싶어서요."

종잣돈을 모으는 20대에는 분산투자의 필요성이 덜하지만, 목돈이 생기는 30,40대부터는 분산투자가 더욱 중요해집니다. 위험을 적절히 통제하는 분산투자를 하려면 다음과 같은 준비가 필요합니다.

첫째, 거시경제에 대해 어느 정도 지식이 있어야 합니다. 경제 전체의 움직임, 그리고 세계 경제의 흐름을 알아야 합니다. 거시경제라는 것이 좀 생소하긴 하지만, 우리가 자산을 지키기 위해 알아야 할 경제지표들은 그리 많지 않습니다. 여러분이 꼭 알아야 할 거시경제 지표에 대해서는 『경제기사의 바다에 빠져라』를 참조하세요.

둘째, 주식·부동산·외환·원자재 등 각각의 시장 특성, 그리고 이들이 각 경제상황에서 어떻게 움직이는지를 알아야 합니다. 그러려면 한 살이라도 젊을 때부터 경제공부를 시작하는 것이 좋습니다.

내가 만난 월급쟁이 부자들의 공통점

Part 6

01

누구에게나 똑같이, 설사 부모님이라 해도

돈에 대한 태도가 단호하고 깔끔합니다

돈에 대한 태도는 매우 중요합니다. 특히 누군가에게 투자나 도움을 받으려면 자신이 지금까지 돈에 대해 어떤 태도를 보여왔는지가 더욱 중요합니다. 한 푼이라도 소중하게 아끼고 저축했는지, 빌린 돈을 약속한 날짜에 제때 갚아왔는지, 어려움에 처했을 때 어떻게 극복했는지 등을 체크하니까요. 이런 이야기는 창업을 하는 사람에게나 해당되는 걸까요? 월급쟁이인 나와는 거리가 먼 이야기 같나요? 아닙니다. 우리의 일상에 깊게 파고들어 있는 이야기입니다.

부모님께 빌린 돈을 꼬박꼬박 이자까지 갚은 선숙 씨

40대 중반의 선숙 씨 부부는 평범한 중소기업의 직장인으로 자산을 꽤 모았습니다. 결혼 초에 돈을 빌려준 부모님의 도움이 컸다고 합니다.

선숙 씨 부모님은 동네에서 알부자 소리를 들었지만, 성인이 된 자식들에게 돈 문제에 대해 매우 철저했습니다. 단돈 1만원도 허투루 준 적이 없었습니다. 그녀는 결혼 전에 남편과 자신의 돈을 합친 5,000만원에 융자를 내고 전세를 끼어 아파트를 살 계획을 세웠습니다. 원하는 아파트를 사려면 9,000만원이 더 필요했는데 이 돈을 부모님께 빌릴 생각이었습니다.

그녀는 부모님에게 아파트를 사고 싶다는 말과 함께 계획서를 보여드렸습니다. 원하는 지역의 아파트 가격과 전세 동향, 빌리고 싶은 액수, 당시 예금금리인 14.5%를 이자로 드리겠다고 제안하고, 둘의 월급으로 월 얼마씩 4년 만에 갚겠다는 계획도 적었습니다. 부모님은 계획서를 꼼꼼히 보더니 흔쾌히 허락했습니다. 평소 그녀가 얼마나 알뜰한지, 돈과 관계된 약속을 얼마나 철저하게 지키는지를 알았기 때문입니다.

이렇게 해서 선숙 씨는 결혼 6개월 만에 아파트를 구입했으며, 월급을 받으면 안 먹고 안 쓰고 아껴서 돈이 생기는 대로 친정 빚부터 갚았습니다. 물론 약속한 이자 14.5%도 꼬박꼬박 쳐서 드렸고요.

사실 이것은 선숙 씨 부부에게나 부모님에게나 윈윈 전략입니다. 선숙 씨는 은행의 대출금리보다 낮은 예금이자로 돈을 빌렸으므로 당시 예대차 금리인 약 3%만큼의 이자를 아낄 수 있었죠. 또 은행 대출은 일찍 갚으면 조기 상환수수료를 1.5%나 물어야 했는데, 부모님은 50만원이든 100만원이든 돈이 생기는 대로 갚으면 언제든 흔쾌히 벌금 이자(조기 상환수수료) 없이 받아주었습니다. 부모님 입장에서는 은행에 예금하면 이자의 15.4%를 이자소득세와 주민세로 내야 하는

데 그만큼 이득인 셈이었죠.

선숙 씨 부부는 약속한 4년보다 빠른 3년 6개월 만에 부모님의 빚을 모두 갚았습니다. 결혼 후 4년도 안 되어 융자 없이 32평 아파트를 마련한 셈입니다. 우리는 흔히 부잣집 자식은 철이 없고 홍청망청할 거라고 생각하지만, 그 부모들은 우리가 생각하는 것보다 훨씬 어릴 때부터 자식의 경제 및 돈 관리 교육을 철저히 시킵니다. 돈을 지키는 것이 얼마나 어려운지 알기 때문입니다.

선숙 씨는 나중에 상가에 투자할 때도 부모님에게 돈을 빌리고 갚은 적이 있습니다. 신용을 철저하게 지켰기에 두 번째 기회도 얻었던 것이지요.

남친(또는 여친) 부모님의 노후준비가 꽤 부족하고, 형제들 형편도 여의치 않아 생활비를 주로 감당해야 할 것 같아 걱정이 된다며 고민하는 분들을 자주 봅니다. 쉽지 않은 문제지요. 그럴 때 저는 그 가족의 돈에 대한 태도를 참고하라고 조언합니다. 부부 사이가 좋고 열심히 살면 힘들더라도 헤쳐나갈 가능성이 있지만, 온 가족이 열심히 살지도 않고, 남의 덕이나 요행을 바라면서 가난한 와중에도 돈을 아껴 쓸 줄 모르는 습성이 몸에 배어 있다면 어렵지 않겠냐고요.

여러분이 지금 가지고 있는 돈에 대한 태도는 미래에 매우 중요합니다. 심지어 부모님과 돈 거래를 할 때도요. 부모님과의 돈 거래라고 흐지부지하는 사람들이 있는데, 어떤 관계에서라도 신용을 지키는 사람만이 다음 기회도 가질 수 있는 법입니다.

02

젊을수록 더욱 중요합니다

자신의 직업과 일에 더 투자해야 합니다

몇 년 전 물리치료사로 근무 중인 송재민(가명) 씨에게 자산 관리를 어떻게 해야 하는지 묻는 메일을 받았습니다.

당시 그는 30대 초반이었는데, 시골에서 농사를 짓는 부모님의 도움 없이 대학을 졸업한 후 물리치료사가 되어 열심히 사는 청년이었습니다. 퇴근 후에도 편의점 아르바이트를 하면서 돈을 알뜰하게 모으고 있었지요. 저를 처음 만났을 때도 이런 질문부터 했습니다.

"목돈을 어렵게 모았는데요. 어떻게 운용해야 하나요?"

"어떤 책을 읽어야 재테크를 제대로 할 수 있나요?"

그런데 그에게는 좀더 근본적인 이야기를 해주고 싶었습니다. 고민 끝에 이렇게 되물었습니다.

"재민 씨, 꿈이 무엇인가요?"

"물리치료 관련 학과의 대학교수가 되고 싶습니다."

"그렇군요. 그렇다면 그 꿈을 위해서 지금 준비하는 것이 있나요?"

"글쎄요……."

"편의점에서 아르바이트를 하는 시간을 모아서 대학교수에 한발 더 다가가는 뭔가를 하는 것이 낫지 않을까요?"

그는 조금 당황한 눈치였습니다. 상담을 하면 당연하게 재테크나 보험 이야기를 할 것이라고 예상했겠지만 황당한 질문과 답변을 들었으니까요.

"꿈이 대학교수라면 지금 당장 해야 하는 것이 무엇일까요? "

"대학원에 가야겠죠."

"그러면 재테크 대신 영어와 전공 공부를 해야 하지 않을까요?"

재테크를 넘어 진짜부자가 된 비결

돈을 모으는 방법에는 두 가지가 있습니다. 많이 벌거나 적게 쓰는 것이죠. 그런데 적게 쓰는 것에는 고통과 한계가 따르므로, 우리가 중요하게 생각해야 하는 것은 많이 버는 것입니다.

돈을 오랫동안 많이 버는 방법 중에 가장 확실한 것은 직업으로 성공하는 것입니다. 재민 씨가 대학교수가 된다면 몇 년 동안 편의점 아르바이트를 하는 것보다 더 많이 벌 수 있습니다. 그래서 한 살이라도 어릴 때 그 꿈을 위한 길을 갔으면 좋겠다고 한 것입니다. 일주일 후 다시 만났을 때, 그는 아르바이트를 그만두고 대학원에 입학하기 위해 공부를 하기로 결심했다고 했습니다.

2년 후 결혼소식을 듣고 오랜만에 그가 일하는 병원에 들렀습니다. 책상에 문제집과 영어책이 즐비했습니다.

"대학원 석사 과정은 마쳤고 박사 과정을 밟을 거예요. 첫해 등록금은 일단 축의금을 모아서 마련해두었습니다."

"정말 장하네요. 그런데 이런 이야기를 아내에게 다 알렸나요?"

"제 꿈과 미래, 어떻게 하고 있는지와 박사 과정 이야기까지 했는데 아내도 기꺼이 동의했습니다."

박사 과정을 마치려면 앞으로 최소 3년은 더 있어야 하고, 그 과정을 마친다고 대학교수 자리가 보장되는 것은 아닙니다. 하지만 꿈을 위해 한 발씩 나아가고 있고 그런 자신을 자랑스럽게 생각하고 있다는 것이 중요합니다.

상담을 하다 보면 연령대별로 원하는 것이 다릅니다. 20대 사회 초년생들은 직업을 선택할 때 연봉이 얼마인지, 사회적 지명도가 있는 대기업인지를 중요하게 생각합니다. 하지만 40대가 되면 얼마나 오래 일할 수 있는지, 정년은 보장되는지에 관심이 더 많습니다. 젊을 때는 공무원이나 교사는 월급이 적고 재미없다고 하지만, 40대가 되면 그런 안정적이고 오래할 수 있는 일을 부러워합니다. 그런데 누구나 다 공무원이나 교사가 될 수는 없겠죠. 다만 자신의 직업에서 성공하면 그들보다 더 오래 일할 수 있습니다. 젊었을 때 직업에 더 투자해야 하는 진짜 이유도 여기에 있습니다.

03

기준 씨 부부가 건물주 된 비결

문제가 생기면 근본적인 해결책을 찾습니다

김기준(가명)·이화영(가명) 부부를 처음 만난 것은 10년쯤 전이었습니다. 기준 씨는 만나자마자 여느 사람들처럼 이렇게 물었습니다.

"어떻게 하면 재테크를 잘할 수 있을까요?"

월수입 200만원, 기준 씨 부부는 어떻게 건물주가 되었을까요

당시 기준 씨 부부는 과천에서 수학 과외로 월 200만원을 벌고 있었습니다. 주식투자를 하다가 손실도 좀 본 상태였습니다. 주식투자를 잘해서 손실을 메우고 빨리 일어서고 싶다고 했습니다. 저는 이렇게 대답했습니다.

"기준 씨, 주식투자보다 과외를 더 열심히 하는 것이 돈을 더 빨리 버는 방법이 아닐까요?"

사람들은 빨리 성공하기 위해 열심히 지름길을 찾아다닙니다. 가장 많이 이용하는 방법은 주식투자입니다. 하지만 안타깝게도 주식투자는 일부가 성공하고 손실을 보는 경우가 대부분입니다. 우리가 가장 잘하는 분야도 아니고 요행으로 성공하는 것 또한 쉽지 않기 때문입니다.

기준 씨 부부는 일주일 간의 고민 끝에 주식투자를 접고 과외수업에 열중하기로 했습니다. 수학을 더 쉽고 재미있게 가르치기 위해 자신들만의 노하우를 만들었고 덕분에 수입은 점점 늘었습니다.

1년 후 기준 씨로부터 전화가 왔습니다.

"처남이 청주에서 과외방을 운영하는데 같이 키워보자고 하네요. 어떡하면 좋을까요?"

저는 처남과 마음은 잘 맞는지, 단순히 과외방에서 그치지 않고 학원으로 발전시킬 계획은 무엇인지, 아내의 의견은 어떤지 물어보았습니다. 대답을 들은 후 청주에서 승부를 걸어보는 것도 좋겠다 조언했지요. 얼마 후 기준 씨 부부는 과천 생활을 정리하고 청주에서 과외방을 시작했습니다.

3년 후 기쁘고 놀라운 소식을 들었습니다. 지금 과외방이 있는 건물이 24실의 5층인데 인수할 계획이라고 했습니다. 게다가 이제 과외방을 정식 학원으로 신고하여 새로운 도약을 할 예정이라고도 했습니다. 오피스텔 한 칸을 빌려서 작은 과외방을 시작한 지 약 3년 만에 이루어 낸 성과입니다. 정말 대단하지 않나요? 저도 기준 씨 부부의 성공에 너무 기뻤습니다.

청주에 갔을 때 그들이 운영하는 공부방을 본 적이 있습니다. 그때 성공할 수밖에 없겠다는 생각이 들었습니다. 처음 과외방을 차리고 나서 공부가 하기 싫어 PC방을 전전하거나 부모와 싸우고 집을 나오는 학생들을 위해 오피스텔 하나를 더 빌려 휴게실로 꾸미고 라면이나 빵 등 간식을 항상 준비해두었습니다. 그렇게 밖으로 돌 바에야 차라리 공부방에서 지내라는 배려였습니다. 물론 생활은 엄격한 규칙을 정해 관리했습니다.

나중에는 오피스텔 2개를 추가로 빌려 남학생과 여학생이 각각 공부할 수 있는 독서실로 꾸몄습니다. 학생들이 수업을 마치고 다시 공부하러 독서실로 가는 시간도 아끼고, 집에서 공부하기 싫으면 남아서 공부하라는 의도였습니다. 독서실 비용은 추가로 받지 않았습니다. 게다가 학교에서도 포기하다시피 했던 학생들의 성적까지 올려놓았으니 잘될 수밖에요.

저를 더욱 기쁘게 한 것은 그들의 마음이었습니다. 단순히 수학을 잘 가르쳐서 성적만을 올리는 공부방 선생님이 아니라 학생들에게 진심 어린 격려를 해주었던 것입니다. '친구 같은 선생님'이라는 뚜렷한 자기규정을 가지고 있었습니다. 한 발 한 발 성장해나가는 부부의 모습을 보며 저도 더욱 열심히 살아야겠다는 생각을 다졌습니다.

그들은 왜 아직도 두렵다고 할까요? | 그런데 며칠 전에 기준 씨 부부가 찾아와서 요즘 일어난 일들과 함께 고민을 털어놓았습니다. 기준 씨 부부는 "아직도 두렵다"고 했습니다. 기반을 이 정도로 닦았다면 두려움이 없어질 법한데, 미래에 대한 두려움이 사라지지 않는다고 합니다.

"두려움은 자고 일어난다고 없어지는 것이 아니고, 술을 마신다고 없어지는 것도 아닌 것 같아요. 이런 두려움은 겸손하게 하루하루 극복해 나가는 것 외에는 방법이 없어요. 지금까지 잘해온 것처럼 계속 나아가면 됩니다. 두 분은 지금 잘하고 있는 것입니다."

기준 씨 부부가 지금 보람과 기쁨을 느끼는 것은 직업에 대한 집중 덕분이라고 생각합니다. 그들이 주식투자에 계속 신경을 쓰고 주식이나 펀드에 투자해서 돈을 버는 것으로 만족했다면, 지금 이런 멋진 현실은 만날 수 없었을 것입니다.

돈은 잃으면 다시 벌면 되지만 시간은 잃으면 다시 찾기가 어렵습니다. 직업으로 성공하기 위해서는 시간이 필요하고, 시간은 나이를 먹을수록 점점 더 빠르게 지나갑니다. 그러면 마음이 조급해지고 실수가 많아지게 되지요. 젊을수록 시간에 투자해야 멀리 갈 수 있습니다. 그래서 저는 "천천히 가는 것을 두려워하지 말고, 가다가 멈추는 것을 두려워하라"라는 중국 속담을 좋아합니다.

만약 그때 200만원을 벌던 기준 씨 부부가 주식투자에 집중했다면 지금 어떻게 되었을까요?

04

부부가 공동의 목표를 향해 함께 달립니다

가족이 가장 큰 자산입니다

돈을 모으고 경제적 자유를 얻는 과정은 단순히 재테크 기술의 문제가 아니라 사람의 문제, 가정의 문제와도 밀접한 관계가 있습니다. 제가 만난 부자들은 거의 대부분 부부가 공동의 목표를 가지고 달려온 사람들이었습니다.

유 사장님을 일으킨 아내의 한마디

천안시 다가동 공구상가에서 볼트회사를 경영 중인 유재형 사장님의 사업은 이 지역 동종업계에서 1, 2위를 다툴 정도로 번창하고 있습니다. 두 번의 큰 위기를 겪었는데 그때마다 그를 지켜준 것은 아내의 말 한마디였다고 합니다.

1994년 대학을 졸업한 후 큰아버지의 권유로 구로동의 공구상가에 취직했고 5년 뒤 그곳에서 상가를 열었습니다. 그런데 2003년 고향 천안에서 공구상가를 시작하는 것을 고민하게 되었습니다. 당시 천안·아산 지역은 인구가 약 25만 명으로 구로구의 절반 정도에 불과했고, 어렵게 기반을 닦은 곳을 포기하고 새로 시작해야 한다는 불안감과 두려움에 하루에도 몇 번씩 마음이 바뀌었습니다. 그때 결정적인 도움을 준 것은 바로 아내의 조언 한마디였습니다.

"불안함은 내일도 모레도 사라지지 않을 거예요. 하루하루 불안함을 극복해간다고 생각하면 되지 않을까요? 난 당신이 잘해나갈 것이라고 믿어요."

유 사장님은 아내의 말에 용기를 얻어 천안으로 터전을 옮겼습니다. 그런데 천안에서 기반을 잡던 중에 지인의 권유로 주가지수 선물에 8,000만원을 투자했다가 몽땅 날렸습니다. 본전 생각에 속상하고, '내가 왜 이런 바보 같은 투자를 했을까?'라며 자책으로 하루하루를 보낼 때 그를 다시 잡아준 것도 아내였습니다.

"속상한 기억은 잊혀지는 게 아니래요. 다만 스스로 용서하는 거래요. 실수는 누구나 할 수 있는 것이니 이제 그만 자신을 용서하고 다시 사업에 집중하면 좋겠어요. 전 당신을 항상 믿고 있어요."

나를 울게 한 아내의 한마디

제게도 가족이 가장 훌륭한 조언자이자 동기부여자입니다. 2007년 1월에 보험영업을 해보겠다는 말을 꺼냈을 때, 아내의 첫마디는 "당신 미쳤어? 회사에서 잘렸어?"였습니다. 6개월 넘게 아내를 설득하다가 결국 포기하고 제 맘대로 지금의 회사에 입사했습니다. 아픈 두 아이를 둔 가장으로서 안정된 직장도 좋지만, 나이가 들어도 오래할 수 있으면서 경제적으로 뭔가 준비할 수 있어야 한다는 의무감에 반대를 무릅쓰고 고집대로 진행한 것입니다.

한 달 후 아내는 맥주를 한잔 하자고 저를 불러내더니 이런 말을 했습니다.

"난 당신이 무슨 일을 해도 잘할 사람이라고 믿고 있어. 그런데도 반대했던 것은 그 일이 얼마나 힘든지 알기 때문이야. 벌써 한 달이 지났네. 앞으로도 이번 한 달처럼 계속 잘했으면 좋겠어."

이 말은 게을러지려고 할 때마다 저를 일으켜 세우는 등불이 되었습니다.

가출했던 아이의 눈물

직장을 그만두고 사업을 시작한 지 2년이 조금 지난 이현수 사장님은 초창기에 사기를 당해 큰 어려움을 겪었지만, 워낙 긍정적이고 노력하는 분이라 항상 자신감 넘치는 모습에 오히려 제가 격려를 받곤 했습니다.

그런데 어느 날 목소리가 무척 가라앉아 있었습니다. 고민을 여쭈어 봐도 묵묵부답, 할 수 없이 점심을 먹으면서 반주를 하게 되었습니다. 사연을 들어보니 사업이 힘들어도, 사기를 당해서 죽고 싶었을 때도 스스로 다잡으며 일했던 것은 가족 때문이었는데, 아들 정빈(가명)이가 아버지와 말다툼을 하고 가출한 지 며칠이 지났답니다.

사업이 뜻대로 되지 않자 불철주야 뛰어다니느라 집에 있는 시간도 적어졌고 가족과의 대화도 줄었습니다. 집안사정이 어려워지자 음악학원도 그만두게 되었고 악기를 사주기로 했던 약속도 물 건너가 버리자 한창 사춘기인 아들이 무척 서운했던 모양입니다. 그런데 이 사장님은 상황을 제대로 설명해주지 않았고, 이 문제로 오히려 큰소리로 화를 내기도 했답니다.

이미 정빈이를 한 번 만난 적이 있던 터라, 아버지의 상황을 제대로 전달한다면 마음을 풀 수 있지 않을까 하는 생각에 무작정 만나러 갔습니다. 아이는 자기의 고민을 함께 해주지 못하는 부모님에 대해 서운해했습니다. 아이의 마음을 달래주고 정빈이 아버지가 보험을 가입하면서 쓴 유서를 보여주었습니다.

저는 계약을 하기 전에, 혹시라도 사고가 나면 보험금만 달랑 지급되는 것을 막고자 가족에게 남기고 싶은 이야기를 적어보라고 권합니다. 일종의 유서인 셈이죠. 글을 쓰다가 도중에 우는 분도 있고 아내에게 사과 문자를 보내는 분도 있습니다. 정빈이 아버지는 보험에 가입할 때 하루라도 빨리 아이에게 약속한 악기를 사주고 싶어했고, 만약 그전에 잘못되면 사망보험금으로 악기를 꼭 사주라는 당부의 말을 남겨두었습니다.

정빈이는 아버지의 글을 보고 아무 말도 못하고 눈물을 흘렸습니다. 어려운 사업 속에서도 어떻게든 자신의 꿈을 지켜주기 위해 노력하는 부모님에 대한 미안함이 앞섰던 모양입니다. 제 차를 타고 집으로 돌아가면서도 옆자리에서 눈물을 계속 흘리는 아이의 모습에 저도 많이 울었습니다. 제 아이들에게 시간을 더 할애하고 사랑도 많이 주어야겠다고 다짐도 했습니다.

가족이라는 따뜻한 울타리 안에서도 가끔 대화가 단절되는 모습을 보곤 합니다. 아무것도 아닌 작은 사건이 오해와 배려심 부족으로 커지고 곪아서 터져버립니다. 남에게는 차분히 설명하고 설득하려고 노력하면서도, 가족 간에는 그런 행동을 하지 않고 오히려 오해들이 쌓여 서로 상처를 주곤 하는 것이죠. 당연히 마음 한구석에 이런 걱정이 있는데 일이 잘될 수가 없고 돈이 잘 모일 리도 없지요.

인정은 사람에게 힘을 줍니다. 사랑하는 남편에게 그 위치를 인정해주고, 아내에게 그 역할에 감사하는 것만으로도 서로를 인정하며 힘이 나게 합니다. 서로가 얼마나 중요한 사람인지, 내가 얼마나 고마워하고 있는지 말해주어야 합니다. 비록 월급이나 생활비가 부족하더라도 얼마나 열심히 일해서 번 것인지를 알아주고 인정해줄 때, 부부가 목표를 위해 더 열심히 고민하게 되고 돈을 더 절약해서 모으려고 하며 어려움을 헤치고 나아갈 용기를 얻게 됩니다. 돈 이전에 사람이며, 사람에게는 관심과 인정이 더 많은 돈을 벌게 하는 묘약이 될 수 있습니다. 오늘 가족과 친구에게 서로를 인정하는 사랑의 말을 전해보세요.

월급쟁이 부자들의 조언

Part 7

01

시작이 중요합니다

20대가 반드시 가져야 할 부자습관

무조건 5만원 더 저축하는 습관

사회 초년생들이나 젊은 직장인들을 상담할 때면 항상 습관을 강조합니다. 주식이나 펀드, 고금리 상품보다 돈을 아끼고 모으는 습관에 대해서 더 많이 이야기하는 이유는 잘못된 습관은 경제적 손실을 가져오는 가장 큰 원인이기 때문입니다.

보통 취직을 하는 20대부터 아이를 낳기 전까지인 30대 초중반이 소득 중에서 저축 비중이 가장 높은 시기입니다. 이때 저축습관을 기르면 저축과 함께 소비를 참아내는 좋은 태도를 가지게 됩니다. 그래서 미혼 직장인이나 아이가 없는 맞벌이 부부에게는 되도록 많이 저축하라고 권하고 있습니다.

소득과 지출을 나열해본 후 저축액을 정한 다음 무조건 그것보다 5만원 더 저축하라고 권합니다. 저축 가능액이 50만원일 것 같으면 55만원을 저축하는 것입니다. 매월 5만원 더 저축해봤자 한 해에 60

만원 더 모으는 것이지만, 중요한 것은 습관이고, 작은 습관이 모여 큰 습관을 만들며 삶을 변화시킵니다. 5만원 더 저축하는 것은 어렵지 않겠지요? 바로 실천해보세요. 다음 해에는 저축 가능액보다 10만원 더 저축해도 좋겠지요.

이제 저축 가능액보다 5만원 더 많게 저축액을 정한 다음, 월급을 타는 날 통장에서 자동이체로 무조건 빠져나가게 해야 합니다. 재테크 성공의 최대 발명품을 '자동이체'입니다. 통장에서 자동이체로 저축·보험·연금 등이 빠져나가면 어쩔 수 없이 남은 돈으로 한 달을 생활하는 습관이 생기고 소비를 참아내는 습관 또한 자연스럽게 만들어집니다.

작지만 큰 재테크 성공 경험

중소기업에 어렵게 취직하여 직장을 다닌 지 6개월, 그런데 민수 씨는 의욕이 없었습니다.

"저는 돈을 모으고 싶은 생각도, 부자가 되고 싶은 욕심도 없어요."

월급도 제대로 관리하지 않았고 저축도 '제로'였습니다. 사촌형에게 떠밀려 어쩔 수 없이 만나러 나왔지만, 어떻게든 빨리 대화를 끝내고 싶어 했습니다. 왜 돈을 모으고 싶은 생각도, 부자가 되고 싶은 욕심도 없는지에 대해 물었습니다.

"잘 모르겠어요. 현재가 미래보다 더 중요하고 순간순간을 행복하게 사는 것이 더 가치 있는 것 같아요. 지금 1천원이 미래의 1만원보다 더 좋을 수도 있잖아요."

"지금 창밖에 눈이 옵니다. 흩날리는 눈을 보고 대부분은 그냥 눈이 오는구나 생각하죠. 여자친구에게 전화를 하거나 좋았던 추억을 떠올리기도 하고요. 대부분 거기까지입니다. 그런데 눈이 쌓이게 되면 생각이 좀 달라집니다. 눈싸움도 해보고 싶고 눈사람도 만들어보고 싶어집니다. '눈으로 무엇인가를 해보고 싶다'는 마음이 생길 때는 눈이 올 때가 아니라 눈이 쌓이고 난 후이죠.

돈도 마찬가지예요. 저축하지 않는 사람들은 돈을 모으는 것에 대한 욕망이 생기지 않습니다. 그때그때 소비하는 생활이 편하기 때문이죠. 민수 씨가 돈에 대한 생각이 거기에 멈추어 있는 것은 아직 목돈을 만들어본 경험이 없기 때문이에요. 월 10만원씩 적은 금액이라도 꼭 한번 모아보세요. 그러면 20만원, 30만원 그렇게 모으고 싶어질 테니까요."

사랑도 받아본 적이 있고 해본 적이 있는 사람이 더 잘합니다. 사랑이 얼마나 가치 있는 것인지 알기 때문에 사랑받고 싶고 또 사랑하고 싶은 것이지요. 돈도 마찬가지입니다. 적은 액수라도 차곡차곡 모아본 후에야 더 큰돈을 모으고 싶고, 또 그 돈으로 뭔가를 해보고 싶어집니다. 돈 모으기에서도 큰 성공을 위해서는 작은 성공을 해보는 것이 상당히 중요한 것이지요.

아침시간을 활용하는 습관

"퇴근하고 매일 저녁에 영어학원을 다닌 지 3개월 정도 되었어요. 그런데 아내가 다니지 말라고 반대를 해요. 영어공부를 해야 진급에도 유리한데 자꾸 이러니 짜증이 나네요."

얼마 전에 식사를 같이 한 김태한 대리의 말입니다.

"김 대리님, 일주일에 영어학원은 며칠 정도 나가나요?"

"음. 평균 2번 정도 가는 것 같네요. 회식이나 야근, 가끔 약속도 있으니까요. 그래도 영어학원에 안 다니는 것보다는 낫잖아요?"

몸값을 높이는 것이 최고의 재테크인 시대이니 영어학원에 다니면서 공부하는 것은 칭찬받을 만합니다. 그런데 아내는 학원비를 내고 일주일에 3일은 야근이나 술 핑계로 안 나가고 그나마 2일은 학원 때문에 늦게 들어오는 모습을 보면 답답할 수밖에 없습니다.

"영어학원을 아침 이른 시간으로 바꾸어 보면 어떨까요?"

일씩 일어나는 것은 힘들지만, 영어 실력뿐만 아니라 매일 새벽잠을 참고 공부하는 모습에 아내는 존경심을 가지게 되며, 동료들은 성실함에 경외감을 가지게 될 것입니다. 또한 성공을 위해 꼭 필요한 이기는 습관까지 만들어 줍니다. 성과를 이루기 위해서는 머리가 영민하거나 뛰어난 아이디어를 내는 것보다도, 매일 꾸준하게 노력하는 습관이 중요하다는 것을 몸소 체험하게 될 것이라고 확신합니다.

뭐든지 다 해보는 습관

저는 직업상 많은 사람들을 만나고, 다양한 분야에서 성공한 사람들에게서 생활태도나 가치관을 배우곤 합니다. 그런데 성공한 사람들의 가장 큰 공통점은 나이가 많다는 것, 그리고 젊었을 때 실패를 경험해본 사람들이 많다는 점입니다.

성공한 사람들에게 "젊은 직장인에게 해주고 싶은 말이 있나요?" 라고 물어보면, 빠지지 않는 것이 '다양한 경험'입니다. 주식투자도 좋고 사업도 좋고, 어떤 분들은 색다르고 무모한 투자 경험도 상관없다고 말합니다. 전 재산을 잃거나 큰 빚만 지지 않는다면요. 어차피 거의 다 실패할 것이기 때문에 그렇다네요. 즉 그들이 말하는 경험은 '실패의 경험'이고, 한 살이라도 젊었을 때 실패를 경험해보는 것이 인생에서 겸손함을 배우는 중요한 과정이라고 합니다.

젊은 날에 주식투자의 실패를 경험해보면 경제적으로 윤택해졌을 때 섣부른 투자에 나서지 않게 된다는 것입니다. "늦게 배운 도둑질 날 새는 줄 모른다"는 옛말을 우회적으로 표현한 것입니다.

누구나 살아가면서 실패를 경험하게 됩니다. 그러나 실패에서 배우는 것이 있다면 그것은 실패라기보다는 경험이라고 할 수 있습니다. 실패에서 아무것도 배우지 못한다면 또 다른 실패들을 계속하게 되고, 그럴 때마다 우리가 이룰 수 있는 경제적 꿈은 점점 작아집니다. 20대에 실패를 통해서 잃는 돈은 30,40대보다 작고 복구할 시간은 더 많습니다. 젊은 날의 다양한 시도는 그만큼 가치가 있는 것입니다.

02

부의 주춧돌을 차곡차곡 쌓을 때입니다

30대가 반드시 가져야 할 부자습관

돈을 빌려주지 않는 습관

상담을 하면서 가장 많이 느끼는 것 중 하나는 자산의 크기는 '얼마나 많은 수익을 얻었느냐'보다 '원금을 얼마나 잃었나'에 더 크게 좌우된다는 점입니다. 주식이나 펀드 투자는 손실을 보더라도 투자금의 일부를 건질 수 있지만, 빌려준 돈은 거의 원금 전체를 받지 못하는 경우가 많습니다.

저도 돈을 빌려준 후 맘고생을 몇 번 하고 나서 한 가지 원칙을 세웠습니다. 무조건 돈을 빌려주지 않을 수는 없으니, 제가 정한 원칙에 부합하는 상황에서만 빌려주기로 한 것이지요. 빌린 돈을 어디에 사용할지, 어떻게 언제까지 갚을지, 그리고 혹시나 모를 상황을 위해 담보를 제공하겠다고 제안하는 사람에게만 빌려주는 것입니다. 또 기혼이라면 부부가 같이 서명한 차용증서를 반드시 받아둘 생각입니다.

30대는 종잣돈이 있어 빌려줄 수 있는 금액도 20대보다 큽니다. 돈을 빌려주고 받지 못하는 상황을 막기 위해서는 가장 좋은 것이 돈을 빌려주지 않는 것이며, 정히 거절하기 어려운 경우에는 스스로의 보전 수단을 세워 두어야 합니다.

상의하는 습관

경제적 선택에는 항상 수익이나 비용이 발생합니다. 수익이 발생하면 좋겠지만, 가끔은 비용만 발생하여 경제적 위기를 가져오는 경우도 있습니다. 따라서 경제적 선택을 할 때에는 조언자가 필요합니다. 가장 좋은 조언자이며 안전주의자는 여러분 옆에 있는 아내입니다(비혼이라면 여러분 주위에서 돈에 대해 보수적이며 안전지향적인 사람과 상의하세요).

사기 피해자는 남자가 많습니다. 사업 제안이나 투자에 대한 조언을 받을 때, 남편은 '수익이 ○퍼센트이면 얼마를 버는 거야?'를 생각하지만, 옆에 있던 아내는 '원금은 지킬 수 있을까?'라며 안전을 먼저 고민합니다. 투자에서 가장 중요한 것이 원금보전에 대한 방법을 강구하는 것이니 아내의 고민은 당연한 것입니다. 그런데 그런 아내가 귀찮고 답답하다고 느껴질 때가 있을 것입니다.

하지만 기분이 잠시 나쁜 것이 혹시라도 일이 잘못되어 원금을 날리는 것보다는 낫습니다. 꼭 가정의 화목을 위해서 아내와 상의하는 습관을 가지라고 하는 것이 아닙니다. 경제적 선택을 하기에 앞서서

한 번쯤은 '혹시 잘못되면 어떻게 될까'를 고민해보면 미처 보지 못한 면을 보게 되기 때문입니다.

워런 버핏은 "명성을 쌓는 데는 20년이 걸리지만 그것을 무너뜨리는 데는 딱 5분이면 된다"라고 말했습니다. 가정도 마찬가지입니다. 돈을 모으기 위해 10년이 걸렸더라도 그 돈을 잃어버리는 데는 딱 한 번의 잘못된 판단이면 족합니다. 우리가 그런 실수를 하지 않고 자산을 잘 지켜가기 위해서는 상의하는 습관을 가져야 하는 것입니다.

투자할 때 자신을 믿지 않는 습관

"큰일 났습니다. 지난번에 미소님이 말렸던 주식투자, 그게 지금 손실이 50%가 넘었습니다. 아내 모르게 투자한 것인데 어떻게 해야 하죠?"

공무원인 지섭 씨는 1억원의 마이너스 통장을 개설해 주식투자를 시작했습니다. 작년에 집을 사면서 2억원을 대출받았는데, 아내가 둘째를 출산하여 육아휴직을 하면서 대출금 이자 부담이 만만치 않아 고민 끝에 시작한 것이라고 합니다. 하루종일 모니터만 보고 있을 수도 없고, 빨리 큰 수익을 내고 투자를 끝내고 싶다는 욕심에 변동성이 큰 소형주에 투자했던 게 사달이 났습니다. 주가가 일정 수준 이하로 하락하면 용기를 내어 손절매를 해야 하는데 그렇지 못했던 거죠. 비슷한 이유로 지섭 씨와 같은 처지에 있는 사람들이 많습니다. 어떻게 해야 이런 실패를 겪지 않을 수 있을까요?

 "똑같은 종목을 비슷한 시기에 매수했는데도, 아버지는 매번 수익을 얻고, 이모는 항상 손해를 봤어요. 저는 그것이 항상 의문이었습니다."

개인 투자자 오성현 씨는 매년 최고의 실적을 기록하고 있습니다. 36세의 젊은 나이에 주식투자 경력이 무려 20년, 공무원이었던 아버지를 통해 주식에 입문해 나름 '고수'가 되었죠. 그 비결을 묻자 다음과 같이 말했습니다.

"아버지와 이모 사이에서 한 가지 차이점을 발견했기 때문입니다. 그 차이는 바로 원칙입니다. 당시 아버지는 열심히 분석하고 공부해서 재무구조가 튼튼한 우리나라 대표기업 몇 종목에만 투자했어요. 그 종목을 매수한 이후에는 매일 아침 자신의 목표가격에 도달하면 매도를 했고요. 지금은 일반화되어 있는 예약매도를 이용한 것입니다. 반면 이모는 아버지 추천을 받아 매수를 하고도 '나중에 더 오르면 팔아야지' 하고 매도를 미루었죠. 아버지는 '주식으로는 절대 큰돈을 벌지 못한다'는 점을 항상 강조했고, 이모는 큰돈을 벌고 싶어 했고요. 딱 그 차이가 수익과 손실의 경계선이었던 것입니다."

성현 씨의 아버지는 주식투자를 주수입원으로 생각하지 않았습니다. 직장생활이 주이고 주식투자는 보조였던 거죠. 반면 이모는 큰 것 한방에 대한 기대심리로 한 종목에 올인해 투자했던 것입니다.

성현 씨의 매매원칙은 정해져 있습니다. '일에서는 자신을 믿지만 투자에서는 믿지 않을 때 수익을 낼 수 있다'는 것, '주식투자로는 절대로 큰돈을 벌 수 없다'는 믿음, 이 두 가지입니다.

"재무구조가 튼튼한 종목을 매수하고, 원하는 가격에 무조건 예약 매도를 걸어두며, 목표 수익률은 항상 10%, 어떤 종목에 투자하든 전체 투자자금의 반은 무조건 현금으로 계좌에 남겨둡니다." 이것이 성현 씨의 투자원칙입니다.

10% 수익, 크지 않은 듯 보이지요? 그런데 이 10% 수익률로 복리투자를 한다고 생각하면 그 힘이 얼마나 대단한지 느끼게 될 것입니다. 30대에는 바로 이런 투자원칙과 습관이 반드시 필요합니다.

자신에게 집중하는 습관

30대는 자신감이 하락하는 시기입니다. 재테크부터 직장생활까지 많은 것을 시도했지만, 성과를 제대로 내지 못하고 그럴 때마다 세상의 높은 벽을 실감하곤 합니다. 이때 우리가 흔히 하는 실수가 세상만 원망하는 태도입니다. 사람은 누구나 자기중심적으로 사고하고 행동합니다. 내 일이 잘 안 된 이유는 '나는 열심히 했는데 세상이 받아주지 않거나 환경이 좋지 않았기 때문'이라고 생각하기 쉽습니다.

실수를 할 때마다, 또는 일이 제대로 진행되지 않을 때마다 나 자신에게 집중해야 합니다. 저는 이를 '상황을 좋게 해석'하는 것이라고 합니다. 안 되는 것에 대해 불만을 가지고 시간을 허비하기보다는 내 태도를 바꾸는 것이 낫습니다. 이는 결국 긍정적 사고에서 나오는 것입니다.

다른 사람이 하는 일이라면 나도 할 수 있다고 믿고 세상을 원망해서 받는 스트레스를 일에 투입하는 노력으로 바꿀 때 성공 가능성이 더 높습니다. 어떤 일을 대할 때에 '내가 할 수 있을까?'보다는 '어떻게 하면 할 수 있을까?'를 고민하는 것이 낫습니다. 지금까지 한 이야기가 이론에서나 나오는 것이라고 생각하나요? 딱 한 번만 경험해보세요. 놀라운 일이 벌어집니다.

03

인생 2막을 준비할 때입니다

40대가 반드시 가져야 할 부자습관

개인기보다는 매니징 능력을 키우는 습관

이기철(가명) 팀장님은 저와 나이가 같습니다. 두 번의 해외 근무경험까지 있으며 대기업 종합상사의 잘나가는 팀장입니다. 회사에서 능력을 인정받고 있으며 임원이 되는 것이 꿈입니다. 그런데 요즘 남다른 고민이 생겼습니다.

"요즘 회사를 알아보고 있습니다. 혹시 괜찮은 헤드헌터가 있으면 소개해주세요."

머잖아 임원이나 해외 지사장이 될 거라며 자신 있게 말한 적이 있기에 이유가 궁금했습니다.

"팀장님, 갑자기 무슨 일이 있는 거예요?"

그는 주저하다가 몇 번의 질문에 드디어 대답했습니다.

"9월 초에 여름휴가 대신 일주일 가족여행을 다녀왔어요. 그런데 그때 우리 팀에 중요한 일이 생겼습니다. 이사님이 팀원들에게 휴가 중인 저에게는 연락하지 말라고 해서 따로 연락이 오지는 않았어요. 그런데 우리 팀의 김 과장이 그 일을 말끔하게 처리했더라고요. 사실 제가 처리하기에도 만만치 않은 문제였거든요. 김 과장에게 칭찬과 축하를 해주어야 하는데 한편으로는 속이 많이 상하네요. 우리 팀은 제가 없어도 아무 문제없이 굴러가고, 임원들에게도 팀장인 저보다 김 과장이 인정받고 있다는 생각도 듭니다. 참 답답하네요."

이 팀장님은 직장생활을 시작한 지 10여 년 동안 항상 주목을 받아 왔습니다. 그런데 자신이 자리를 비워도 아무 문제없이 업무를 처리한 팀과 김 과장에게 고마움을 느끼기도 전에, 이러다가 경쟁이 심한 직장에서 밀리는 것은 아닌지 두려움도 생기는 모양입니다.

"팀장님, 대기업과 중소기업의 차이가 무엇일까요? 아마 매출액이나 재무구조도 차이가 나겠지만, 무엇보다 대표나 임원이 자리를 비워도 돌아갈 수 있는 시스템의 차이라고 생각합니다. 여기서 앞으로 그 기업이 성장하느냐, 아니면 정체되느냐가 결정되겠죠."

능력이 아무리 뛰어나더라도 흐르는 세월을 막아낼 수는 없습니다. 그래서 회사는 부서장에게 개인적인 능력이 아니라 팀원을 조직하고 비전을 제시하며 능력을 최대한 발휘하게 하는 등의 동기부여자 역할을 기대하게 됩니다.

"팀장님은 정말 잘하고 있는 것입니다. 팀장이 자리를 일주일 비워도 잘 돌아가는 팀을 만들었다는 것 자체가 능력이니까요. 불안해하지 말고 김 과장님을 더욱 칭찬하고 격려해보는 것은 어떨까요? 다른 회사로 이직을 하더라도 결국 젊은 친구들에게 개인기로 맞서는 것은 한계가 있으니까요."

직장에서 40대는 개인적 성과로 능력을 인정받는 시기가 아닙니다. 어쩔 수 없이 능력의 한계를 맛볼 수밖에 없죠. 그런데 개인기에만 집착하게 되면 큰 흐름을 보지 못하게 됩니다. 큰 그림을 보고 그 속에서 다양한 사람들의 능력을 극대화하고 후배 직원들의 시행착오를 줄여주는 조직 중심적인 능력이 회사나 사회가 40대에게 원하는 진짜 능력이라고 생각합니다.

인품을 경쟁력으로 키우는 습관

40대는 직장생활이나 가정에서 기로에 설 수밖에 없습니다. 아이들은 어느새 사춘기에 접어들어 반항하고, 직장에서는 밑에서 치이고 위에서 견제를 당하는 위치입니다. 육체적, 정신적 능력 또한 노력한다고 해서 쉽게 개선할 수 있는 것도 아니니 답답하기만 하죠.

그런데 40대의 진정한 경쟁력은 무엇일까요? 그것은 바로 인품입니다. 단순히 일을 잘하는 스킬(Skill)이 아니라 일을 대하는 태도, 직장과 세상을 바라보는 올바른 시선, 이를 직접 몸으로 보여주는 솔선수범으로 귀감이 될 수 있는 인품이 바로 40대의 경쟁력입니다. 성실하고 능력 있는 후배들에게는 칭찬을 아끼지 않고, 그들의 성과를 임원이나 조직에 공개하는 용기는 아무나 가질 수 없는 것입니다. 그런 인격을 가진 40대는 조직에서 윤활유 역할을 합니다.

직장인들을 많이 만나보면 회사에 대한 가장 큰 불만으로 상사가 자신의 공(功)을 가로채거나 능력을 깎아내리는 것을 꼽습니다. 열심히 일해도 능력을 인정받지 못하거나 저평가되고 있다고 생각하니 의욕이 사라지게 되고, 그렇게 낙담하니 조직에 기여도가 낮아지게 됩니다. 후배의 공을 가로채거나 능력을 깎아내리는 사람은 조직에서 에너지 뱀파이어가 되어 폐를 끼치고 있는 셈입니다.

사람들이 원하는 멘토는 스킬 멘토가 아닙니다. 단순히 일 방법을 배우고 싶어할 때는 그게 전부인 것 같지만, 한 사람의 능력을 최대한 끌어올리고 조직 경쟁력을 높이는 사람은 결국 인격이 훌륭한 사람입니다. 40대는 인품을 경쟁력으로 가져야 하는 나이입니다.

준비하는 습관

인생에서 가장 필요한 것이 준비하는 습관입니다. 사실 나이에 상관없이 어느 세대에게나 준비는 필요합니다. 그럼에도 제가 굳이 40대에 준비하는 습관을 가져야 한다고 말씀드리는 이유는 시간이 별로 없기 때문입니다. 50대를 맞는 마음의 준비부터 은퇴 이후의 삶에 대한 경제적 준비, 사춘기를 맞는 자녀들을 둔 부모로서의 준비까지 잠깐 방심하면 지나온 시간을 돌이킬 수 없게 됩니다.

국내 굴지의 전자회사를 다니는 김영민(가명) 과장님은 지

금 기술사를 준비 중입니다. 가족은 부산에 두고 혼자 수원에서 근무하고 있는데, 퇴근 후 거의 모든 시간을 자격증 시험을 준비하는 데 투자하고 있습니다. 직장생활에 도움이 될 뿐만 아니라 50대 이후의 은퇴생활을 위해서 미리 준비하고 있는 것입니다.

훌륭한 부모가 되는 것도 준비가 필요합니다. 자녀가 초등학교를 졸업하고 중고등학교에 다니게 되면 많은 변화가 생깁니다. 부모보다 친구들과 있는 시간이 많고 혼자 있는 것을 더 좋아하게 되며 대화도 적어지는데 성적도 가정의 주요 문제가 됩니다. 자녀의 공부습관을 위해 거실에서 텔레비전을 치우고 독서 등의 취미를 할 수 있도록 솔선수범해야 합니다.

직장에서는 이제 개인적인 능력보다는 팀이나 부서의 시스템적 요소와 후배들을 키우고 다독이는 매니징 능력을 준비해야 하며, 은퇴 후의 노후도 남은 10년 동안 제대로 준비해야 합니다. 순간 방심하면 현재의 생활이 계속될 것이라고 착각하게 되고, 이로 인해 준비가 부족하면 남는 것은 후회와 안타까움밖에 없습니다.

40대는 실질적으로 노후를 준비할 수 있는 마지막 시기 중 하나입니다. 지금부터라도 늦지 않았으니 꼭 미래와 노후를 준비하는 습관을 들이세요.

돈을 제대로 잘 쓰는 습관

최 차장님은 딸 셋을 둔 가장입니다. 방이 3개인 34평짜리

아파트에 살고 있는데, 큰아이는 자기 방이 있지만 둘째와 막내는 한 방을 쓰고 있습니다. 사춘기에 접어들자 두 아이가 방 문제로 자주 싸우게 되었고, 아내는 시세를 알아보더니 방이 4개인 집은 1억2,000만원이 더 필요하다며 대출을 받아 이사를 가자고 했지요.

"요즘 가계부채가 심각하다는 이야기가 많잖아요. 2, 3년 정도면 빚을 내지 않고도 이사를 할 수 있으니 조금만 참자고 설득했죠. 그런데 아내는 아이들이 당장 힘들어하는 모습을 보기 싫다고 계속 고집을 피우고 있어요."

2,3년 정도만 불편을 감수하면 되는데 굳이 빚을 낼 필요가 있느냐는 말에도 일리가 있지만, 저는 생각이 조금 달랐습니다.

"1억2,000만원을 대출하면 대출금리가 어떻게 되나요?"

"요즘은 4% 정도일 것 같아요."

"만약 큰집으로 이사를 가면 적어도 가족 3명, 즉 사모님과 둘째, 셋째 아이는 지금보다 더 큰 행복을 느끼며 살 수 있겠죠?"

"그렇죠. 아이들이 싸우지 않으니 아내도 스트레스를 덜 받겠지요."

"1억2,000만원을 4% 금리로 대출받으면 이자가 월 40만원이에요. 큰돈인 것은 분명히 맞습니다. 그런데 매달 아내와 아이들이 행복해지도록 한 명당 13만원씩은 더 쓰실 수 있죠? 말씀하신 대로 아내가 기분이 좋아져서 차장님도 덩달아 행복해진다면 1인당 10만원 정도 쓰는 거네요."

"음. 가족이 행복해지면 첫째도 행복해질 테니 40만원이면 1인당 8만원 꼴이네요. 아내가 엄청 좋아하겠어요. 벌써 행복해할 표정이

상상됩니다."

돈을 모으는 것만이 능사가 아닙니다. 돈은 액수만으로 측정할 수 없는 또 다른 힘을 가지고 있기 때문이죠. 대출금이 비용인 것은 맞지만, 가족 모두를 위한 투자라고 관점을 조금만 바꿔 생각해보면 어떨까요? 분명 돈 이상의 가치와 행복을 가져다줄 것입니다. 돈을 모으기 위해서는 가끔은 잘 쓸 줄도 알아야 한다는 점을 꼭 기억하세요. 결국 돈은 필요할 때 쓰려고 모으는 것이니까요.

04

분기마다 월세처럼 받는 투자법

여유를 만드는 방법

여유는 언제쯤 생기게 될까요

직장생활 5년차 조카가 집 근처를 지나던 길에 연락을 주어 소주 한 잔 사주고 왔습니다. 5년 동안 얼마나 모아뒀는지 물어보니 저축이 거의 없다고 했습니다. 저축을 하다가 그만두고 다시 하다 찾아 쓰고. 그래서 오늘 온 김에 마음먹고 하고 가라 했더니 이렇게 대답했습니다.

"저도 하고 싶은데 월급도 작아서 여유가 없어요. 여유가 좀 생기면 그때 시작해 볼게요."

"그래, 꼭 하자. 그런데 네가 말하는 여유는 언제쯤 생기게 될까?"

"글쎄요. 진급해서 월급이 많이 오르거나 보너스를 크게 받으면 생기지 않을까요?"

여유에 대해서 물으면 백이면 백, 거의 비슷한 대답을 합니다. 시간이 지나면 언젠가는 여유가 생길 것이라 기대를 합니다. 필자의 경험상 여유는 기다린다고, 시간이 지나면 저절로 생기는 것이 아닙니다. 여유는 현재의 상황을 참아가며 조금씩 모은 후에 찾아옵니다. 여유는 생기는 것이 아니라 만드는 것입니다.

"한달에 20만원씩 모은다면 5년쯤 되면 1,200만원이 돼. 그렇게 모은 돈이 통장에 입금되면 그때서야 '여유'가 조금 생겼다고 말하게 될 거야. 경제적 여유란 지금 쓸 돈에서 일부를 떼서 일정기간 동안 계속 모은 후에 생기는 거야."

조카였으니 이런 이야기를 할 수 있었습니다. 만약 다른 청년이었다면 쉽게 하지 못했을 말입니다. 괜찮은 직장도 부족하고, 열심히 10년, 20년을 모은들 아파트를 사는 것은 고사하고 전세를 얻기도 힘들어진 세상입니다. 이런 구조적인 세상의 어려움은 뒤로 하고 무조건 스스로 열심히만 하면 된다고, 아껴야 한다고 말할 때 '꼰대'가 되는 것입니다. 꼰대가 되지 않으려 노력하는 것은 그들에게 희망을 꺾고 싶지 않기 때문입니다.

모든 문제를 기성세대의 지난날과 비교하는 것은 무리입니다. 단순히 모으기만 하면 되었던 것은 과거 고금리, 고성장 시대의 이야기입니다. 이제는 얼마 되지 않는 돈을 모으고 굴리려면 과학적인 방법의 제시도 필요합니다. 저축에서 과학적인 방법이란 큰돈을 벌게 하는 것이 아니라 모으는 재미를 느끼게 하는 것을 말합니다. 작은 돈이지만 여유를 만들기 위해 인내심을 발휘할 때, 버티게 힘을 넣어주는 방법으로 청년들에게 에너지를 보태고 싶습니다.

지지 않는 펀드투자 방법은?

"일년 동안 매월 20만원씩 적금을 들었는데 이자가 너무 작아요."

이자를 생각하지 말고 월 불입금보다 1,2만원이라도 더 넣자고 설득해왔지만, 저금리는 저축을 하려는 의지를 더 꺾어버리지요. 그래서 가능하다면 펀드투자도 고려해 보자고 이야기합니다. 이때의 펀드투자는 이기는 것보다 지지 않는 투자에 관련된 것입니다. 인간의 속성상 수익보다 손실에 민감하기에 그렇습니다. 그렇다면 지지 않는 펀드투자법은 어떤 것이 있을까요?

다우지수는 260배쯤 올랐지만 | 미국 주식시장을 이야기할 때 가장 많이 등장하는 지수가 '다우지수'입니다. 다우지수는 미국을 대표하는 기업 30개 종목을 모은 후에 개별 기업의 상승과 하락분을 전체 총액의 비중을 고려해 만든 합계지수입니다. 1929년 10월 당시 지수를 100으로 설정한 후 출범했습니다. 현재 다우지수는 26,000포인트, 시작 시점 지수를 고려하면 무려 260배 상승했습니다.

만약 여러분이 1929년 10월 한 개 종목당 10만원씩을 다우지수 30개 종목에 투자했다면, 오늘 현재 지수 26,000포인트를 감안하면 한 종목당 10만원이 2,600만원이 되었다고 추정할 수 있지요. 30개 종목이니 총투자금 300만원(10만원×30개)은 7억8,000만원(2,600만원×30개), 이른바 대박 중의 대박입니다. 그런데 현실에서 이렇게 투자했다면 실제로 이처럼 엄청난 투자수익을 기록했을까요?

결론부터 말씀드리면 NO입니다. 출범 당시 다우지수 30개 종목 중에 현재도 이름을 올리고 있는 종목은 딱 1개(스탠더드오일)밖에 없습니다. 29개 종목은 파산했거나 기업의 재무구조가 급격하게 부실화되면서 다우지수에서 퇴출되었습니다.

만약 여러분이 10만원씩 30개 종목에 투자했다면 29개 종목에 넣은 10만원씩은 다 날리고, 스탠더드오일 한 종목에서만 2,600만원이 되었을 것입니다. 다우지수가 분명 100포인트에서 26,000포인트가 되었는데 어떻게 이런 일이 발생한 것일까요? 그것은 지수(index)의 비밀 때문입니다.

지수의 비밀 | 한국 주식시장, 미국 주식시장 그리고 전 세계 주식시장에서 대표종목을 묶어 가중평균을 통해 산출하는 지수는 이와 마찬가지입니다. 이런 지수에 편입된 종목(개별 기업)이 부실화되면 그 기업은 지수에서 퇴출되고 다른 우량기업이 편입됩니다. 즉, 지수는 계속 좋은 상태로 유지되는 것입니다. 반면 퇴출된 개별 기업은 거의 대부분 부실기업이 되거나 파산하여 역사의 뒤안길로 사라지게 됩니다. 물론 어떤 기업은 절치부심 강력한 구조조정을 통해 살아나기도 하지만 확률은 그렇게 높은 편이 아닙니다.

결론적으로 말씀드리면, 지수가 아무리 높더라도 개별 종목이 항상 투자수익을 기록하는 것은 아닙니다. 어떤 기업이든 항상 잘되고 영원히 존속하는 것은 불가능하니까요. 그래서 주식투자가 어렵습니다.

그러나 지수는 영원합니다. 단기적으로 전체 주식시장이 하락할 때는 지수도 하락하지만, 시간이 지나면서 신용화폐를 사용하는 자본주의의 구조적인 이유로 지수는 다시 회복하며 우상향합니다. 이런 자본주의 주식 시스템의 구조를 이용하는 것이 지지 않는 투자이고, 그 투자법은 '인덱스' 투자입니다.

인덱스 투자가 유리한 이유 | 펀드를 추천할 때 가장 걱정하는 것이 '원금 손실' 위험입니다. 여러분 주변을 보면 펀드투자로 돈을 벌었다는 사람보다 손실을 본 사람이 꽤 있을 것입니다. 금융회사에서 펀드 상담을 할 때는 '수익을 올릴 가능성'에 대해서만 이야기합니다. 물론 원금 손실 가능성을 반드시 언급하지만, 상담을 받는 사람도, 상담을 해주는 사람도 둘 다 수익이 오르기를 기대하기에 원금 손실 가능성에는 크게 개의치 않습니다.

안타깝게도 현실은 장밋빛 청사진만 있는 것이 아닙니다. 수익이 있다면 항상 위험(risk)이 따르게 됩니다. 은행보다 저축은행의 금리가 높은 이유도, 저축은행 금리보다 주식투자 또는 펀드투자가 높은 수익률을 기대할 수 있는 이유도 원금 손실 가능성이 높기 때문입니다.

그런데 인덱스 투자는 개별 기업 투자보다는 비교적 안전합니다. 특정기간 동안의 수익률은 전체 시장에 영향을 받아 하락할 수 있지만, 일정시간이 지나면 신용화폐를 기반으로 하는 현재의 글로벌 자본주의 경제 시스템에 의해 통화량이 증가하게 되고, 지수는 상승하게 됩니다. 앞에서 말씀드렸듯이, 무엇보다도 지수는 주식시장에 존재하는 가장 큰 위협인 파산 리스크가 없습니다.

인덱스 투자를 원하면 금융기관에서 국가별 인덱스 펀드를 추천받으면 됩니다. 미국, 한국, 중국, 일본, 베트남, 인도 등 다양한 주식시장의 인덱스 펀드가 이미 설정되어 있습니다.

여러분이 생각할 때 성장성이 가장 높다고 생각하는 나라의 주식시장에 투자하는 인덱스 펀드를 선택하면 됩니다. 세계에서 가장 안전한 투자처가 미국이라고 예상한다면 미국 인덱스 펀드를, 젊은층 인구 비중이 높아 향후 성장성이 기대된다면 베트남이나 인도 인덱스 펀드를, 한국의 코스닥 지수 상승을 예상한다면 코스닥 인덱스 펀드를 가입하여 꾸준히 납입하면 됩니다.

분기마다 배당받는 미국 배당주 투자

인덱스 펀드 투자가 지지 않는 투자방법이기는 하지만, 주식 직접투자와 비교할 때는 수동적이라고 생각할 수 있습니다. 능동적인 투자를 좋아하는 분들 중에는 직접 주식시장에 참여하고 싶은 분들도 있을 것입니다. 좋은 종목, 재무적인 위협이 적은 종목을 선정할 수만 있다면 주가가 언젠가는 올라간다는 이야기를 들었기 때문일 것입니다.

그런데 문제는 그런 종목을 선정하기가 어렵다는 것입니다. 좋은 종목이라고 추천을 받아 매수에 참여했음에도 주가가 하락하기 시작하면 속상한 마음을 다독이는 것도 어렵습니다. 이런 분들에게는 미국 배당주 투자를 권하고 있습니다.

미국의 배당성향, 한국의 2배 | 필자의 두번째 책 『경제공부의 바다에 빠져라』에서 "다우지수의 평균 수익률은 약 6.5%였고, 이중 3.5%가 배당수익이었다"라고 말한 바 있습니다. 미국의 경우 주주 자본주의를 얼마나 잘 지키느냐가 대표이사의 연임에서 가장 중요한 지표입니다. 그리고 기업이 주주의 권리를 보장하는 대표적인 방법 중 하나가 '배당'입니다.

배당이란 기업이 일정기간의 이익금 일부를 주주에게 나누어주는 것을 말합니다. 즉 미국은 주주에게 배당금을 얼마나 잘 지급하느냐에 따라 임원의 경영성과가 측정되는 주주 중심 문화가 형성되어 있기에 배당성향(당기순이익에 대한 현금배당액의 비율)도 높습니다.

우리나라 코스피시장의 배당성향은 24인 반면, 미국 증시에 상장된 기업의 배당성향은 47에 달합니다. 즉 한국 기업은 1년 동안 번 순이익의 24%를 주주에게 배당금으로 지급했지만, 미국은 우리의 약 2배인 47%를 지급했다는 것입니다.

분기별 배당이 좋은 이유 | 배당금 지급 주기도 한국 기업의 70%는 1년 1회이지만, 미국 기업은 78%가 3개월(분기)마다 한번씩 지급합니다. 주식의 시세차익뿐만 아니라 3개월 단위로 배당금을 받음으로써 분기별 월세를 받는 것 같은 효과를 볼 수 있는 것입니다.

한국 코스피시장과 S&P500 기업의 분기배당 비중

단위: %, 출처: 블룸버그, 미래에셋대우 글로벌주식컨설팅팀

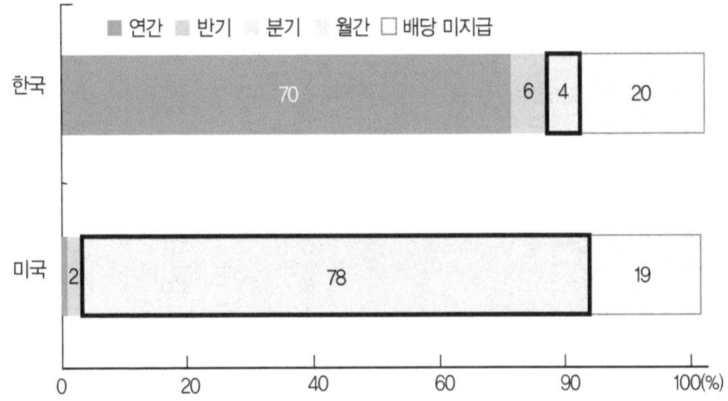

주식투자를 할 때 가장 고려해야 할 점은 '계속기업(기업은 계속적으로 존재한다는 가정 아래에서 사업을 영위하는 기업)'의 문제입니다. 우리가 돈을 빌려줄 때 금리보다 '원금 손실' 가능성을 고려해야 하듯, 주식투자에서 가장 염두에 두어야 할 리스크는 기업이 망할 가능성입니다.

배당을 늘려온 기업에 주목하는 이유 | 내가 투자하는 기업이 언제 망할 것인지에 대한 고민을 해결하는 방법은 없습니다. 아무리 용한 무당을 찾는다고 해도 미래를 내다볼 수 있는 존재는 없습니다. 다만 배당을 지속적으로 늘려온 기업이라면 그 기업의 역사에서 망하느냐, 존속 가능한가의 실마리를 찾아낼 수도 있습니다. 이익을 지속적으로 내지 못하는 기업은 배당을 하지 못하기 때문입니다.

미국의 50년 이상 연속 배당 증액 기업

단위: %, 출처: 블룸버그, 미래에셋대우 글로벌주식컨설팅팀

티커	기업명	배당증액(년)	시기배당률(%)	배당 주기
AWR	아메리칸 워터 American States Water	64	1.62	분기
NWN	노스웨스트 천연가스 Northwest Natural Gas	63	3.19	분기
DOV	도브 Dover Corp.	63	2.44	분기
PG	프록터앤드갬블 Procter & Gamble	62	3.10	분기
EMR	에머슨 일렉트릭 Emerson Electric	62	3.14	분기
GPC	제뉴인 파츠 Genuine Parts	62	3.00	분기
MMM	3M	60	2.83	분기
VVC	벡트렌 코퍼레이션 Vectren Corporation	59	2.54	분기
CINF	신시내티금융 Cincinnati Financial	58	2.75	분기
KO	코카콜라 Coca-Cola Co.	56	3.30	분기
JNJ	존슨앤존슨 Johnson & Johnson	56	2.73	분기

64년 동안 배당을 증액해 왔음을 의미함

결과적으로 배당을 지속적으로 늘려왔던 기업의 주식을 적립식 펀드에 투자하듯이 꾸준하게 매수하면, 배당금이라는 현금 유입의 즐거움을 같이 느낄 수 있을 것입니다. 이 경우에도 특정 종목에 투자금 모두를 넣지 말고, 배당금을 많이 주는 기업들 중에 업종별로 몇 종목으로 포트폴리오를 구성하면 조금 더 안전한 투자를 할 수 있을 것입니다.

배당주 적립식 투자를 생각해 봅니다 | 2018년 12월 미국의 주요 지수는 크게 하락했습니다. 미국이 기준금리를 지속적으로 인상하자 주식시장이 기업의 수익 악화를 걱정했기 때문입니다. 필자는 이러한

하락을 과도하다고 생각했고, 혹시 제 판단이 틀리더라도 배당을 지속적으로 받을 수 있다면 은행 금리 이상의 수익을 기대할 수 있을 것이라고 생각했습니다. 그래서 그달 말에 미국의 고배당 주식을 매수했습니다. 앞으로 월급(25일)을 받으면 5종목으로 포트폴리오를 구성해서 매월 매수할 생각입니다. 지금까지 두 번(2018년 12월, 2019년 1월)에 걸쳐 매수했는데 3개월 만에 벌써 두 종목에서 배당을 받았습니다.

문자 메시지
2월 7일 (목) 오후 5:33

[Web발신]
[한국투자]
이명로님 02/07
VZ/버라이존
USD 7.83
세전배당입금

(오늘) 오후 4:58

[Web발신]
[한국투자]
이명로님 02/15
AAPL/애플
USD 8.03
세전배당입금

미국 통신업체 버라이존에 11주(평균가격 주당 50달러)에서 주당 0.60달러씩 총 7.83달러를 배당받았고, 아이폰으로 유명한 애플 11주(주당 평균가격 155달러)에서 주당 0.73달러씩 8.03달러를 받았습니다. 버라이존의 배당수익률은 주가 대비하여(현 50달러에 1년에 4번 배당이니 총 2.4달러) 연 4.8% 은행 예금금리보다 훨씬 높아서 향후 투자금액을 늘려나갈 생각입니다. 시작하자마자 배당을 받으니 주가가 조금 빠진다고 해도 걱정하는 대신, 다음 월급날에 더 싸게 매수할 수 있을 것이라 기대하게 되었습니다.

특히 꾸준한 적립식 투자로 수량을 늘린다면, 분기마다 배당금을 받음으로써 연금과 함께 은퇴자금에 도움이 될 거라는 생각이 들었습니다. 배당금으로 해당 주식을 더 매수한다면 복리투자 효과도 누리는 셈이고요. 적금에서 가장 강력한 힘이 돈을 쓰지 않고 모으는 것과 함께 복리투자라는 점은 여러분도 알고 있을 것입니다.

피해야 할 투자 가려내는 법

"미소님, 지인이 수익률이 높다고 P2P 투자를 권유합니다. 괜찮은 투자방법인지 조언 부탁드립니다."

불과 20여 년 전 기성세대는 투자방법에 대한 고민을 별로 하지 않아도 되었습니다. 은행에서 적금이나 정기예금을 하면 연 11% 정도의 금리는 일상이었던 시대였으니까요. 요즘의 저금리를 생각하면 '꿈'과 같은 숫자입니다.

저금리가 고착화된 이후 낮아진 예금금리로 인해 투자방법이 점점 다양해지고 있습니다. P2P(Peer to Peer, P2P 대출; 크라우드펀딩 개념에 기반을 둔 개인과 개인 사이의 대출 서비스) 투자도 다양화된 투자 방법의 하나로 등장한 것입니다.

개인이 대출을 받기 위해서는 은행 등의 금융기관을 거쳐야 합니다. 금융기관은 대출을 할 때 원금 상환 가능성 여부를 최우선으로 고려하기에 대출 신청자의 과거 이력이나 신용조건을 까다롭게 감안합니다. 신용도가 낮은 사람들은 대출을 받을 수 없거나 받더라도 높은 금리 조건을 감당해야 하는데, 이런 단점을 보완하기 위해 등장한 방법이 P2P 투자(대출)입니다.

P2P 투자는 은행에서 지급하는 예금금리보다 높은 수익률을 제시하니, 저금리 시대에 어디에 투자할 것인가를 고민하는 분들에게 '관

심'을 끌 만합니다. 요즘 P2P 사이트의 평균 수익률이 7~10% 정도 나온다고 알려져 있으니 정기예금 금리 2%대와 비교할 때 무려 5배까지도 얻을 수 있습니다. 그러나 여기에 빠져 있는 것이 있습니다.

은행의 금리가 낮은 이유는 원금에 대한 보증을 해주기 때문입니다. 은행이 문제가 생겨도 정부가 뒤에서 최대 5,000만원까지 지급 보증을 하고 있으니 안전합니다. 반대로 P2P 투자는 원금 보장이 없습니다. 만약 10%씩 수익률을 10년 동안 받았다고 해도 한번의 원금 손실이면 의미가 없어집니다.

특히 P2P 대출자가 누구인지, 어떤 일로 돈을 빌리는지에 대해서 중개 사이트가 은행처럼 신경 쓰지도 못하고, 돈을 빌려주는 여러분도 직접 확인할 방법이 거의 없습니다. 지인에게 빌려줘도 돌려받기가 더 어려운데 전혀 모르는 사람은 더 어렵지요. 은행이나 저축은행에서 빌릴 수 없어서 P2P 대출로 나온 이유는 결국 신용위험(원금 상환 불능 위험)이 크다는 의미입니다. 돈을 모으는 데 최우선으로 신경써야 할 부분이 그 부분입니다. 이런 이유로 P2P 투자를 필자는 추천하지 않는 것을 넘어 반대합니다.

투자와 예금의 가장 큰 차이는 '원금 보전'입니다. 원금 보전에 대한 약속 때문에 투자는 '수익률'이고, 예금은 '금리'인 것입니다. 투자를 할 때 최우선적으로 고려해야 할 것은 '큰 수익'이 아니라 '적은 손실'임을 꼭 기억하세요.

미래의 여유에 대한 기대

부자가 되는 방법, 큰돈을 버는 가장 좋은 방법은 '직업적인 성공'이라고 생각합니다. 일해서 번 돈을 투자했는데 큰 손실로 이어지면 직업적인 태도까지 나빠질 수 있습니다. 손해보고 있는데 마음의 평온을 유지할 수 있는 사람은 거의 없습니다. 그런 점을 우선적으로 고려해야 할 것입니다.

재테크로는 큰 부자가 될 수 없습니다. 그럼에도 필자가 재테크에 대해서 이렇게 언급하는 이유는 예금이든 투자이든 무엇인가 하게 된다면 '적게 쓰게 된다는 점' 때문입니다. 적게 쓰는 것은 고통이고, 그 고통을 감내하는 것은 '미래의 여유'를 기대하기 때문입니다. 그런 기대를 위해서라도 항상 안전과 손실의 균형을 유지해야 할 것입니다.

『똑똑한 돈』, 『경제공부의 바다에 빠져라』를 출간한 후 이번 『월급쟁이 부자들』은 3번째 책입니다. 지난 두 권의 책과 이번 『월급쟁이 부자들』을 통해서 독자분들에게 말씀드리고 싶은 것에는 약간의 변화가 있습니다.

지난 두 권의 책이 경제적 사실과 주류 경제학에서 숨기고 싶어하는 진실에 관한 이야기였다면, 『월급쟁이 부자들』은 경제적 자기계발이라는 저만의 정의를 통해 그 내용을 표현하고 싶었습니다. 그중의 몇 가지를 정리해 보겠습니다.

첫째, 속도가 아닌 방향입니다.

대부분은 얼마나 빨리, 많은 돈을 모으냐를 목표로 삼습니다. 경제활동의 중심은 직업(직장)이지만 그것만으로는 만족을 못하니, 우리는 친구나 주변 사람들보다 빨리 경제적인 성과를 내고 싶어하며 큰 수익률을 바라고 투자에 골몰합니다. 하지만 이 책은 돈을 어떻게 모아야 하는지, 모아둔 돈을 어떻게 지킬 수 있는지 그 방향에 대해서 고민했습니다.

둘째, 사실보다는 지혜입니다.

금리인하 시기의 초기에는 주식투자보다 은행을 이용해야 한다는 등의 투자상식은 안타깝게도 글을 읽을 때에는 무릎을 칠 수 있지만, 읽고 난 후에는 쉽게 잊어버리곤 합니다. 이번 책에서는 읽은 후에도 기억이 오래 남아 우리의 생활에서 살아 숨쉴 수 있는 지혜를 담고자 고민했습니다.

셋째, 가르치기보다는 알려드리고 싶습니다.

"이렇게 해라, 나를 따르라"라는 것보다는 제가 1만명에게 배운 지혜를 여러분과 나누고자 했습니다. 어렵고 논리적인 표현보다는 우리의 이웃과 친구들은 어떻게 살아가고 있는지에 대한 이야기를 통해 각자의 경제적 삶을 객관화하고 나아갈 길을 찾는 데 참고가 될 수 있는 내용을 담으려고 노력했습니다.

넷째, 파레토의 법칙입니다.
이탈리아의 경제학자 파레토는 토지에 대해서 연구하다가 국민의 20%가 전체 토지의 80%를 소유하고 있다는 점을 발견했는데, 이를 '파레토의 법칙'이라고 합니다. 어떤 조직이든 80%의 성과는 항상 20%의 구성원이 달성하고 있으며, 한 사람이 달성한 결과의 80%는 20%의 행동으로 이루어져 있다고 합니다.
마찬가지로 우리들이 이룬 경제적 성과 역시 우리가 해낸 20% 행동의 결과일 가능성이 높습니다. 그리고 그 20%는 바로 습관이나 태도, 긍정적인 마음을 가지고 노력하는 것입니다. 그래서 『월급쟁이 부자들』은 독자들에게 스스로의 삶을 되돌아볼 수 있는 작은 계기가 될 수 있을 것이라고 생각합니다.

마지막으로 희망, 그리고 용기를 드리고 싶습니다.
요즘 실질소득의 감소와 저성장의 그늘 아래서, 청년들은 과거와 같은 성공이나 발전에 대한 기대를 점점 잃고 있습니다. 대학을 졸업해도 취업이 되지 않고, 졸업하기 위해서 많은 부채를 짊어질 수밖에 없는 현실은 비정규직, 그리고 공무원 시험 준비라는 한정된 길로 우리를 내몰고 있고, 이런 이유로 사회는 비관적이며 우울한 기운이 자리잡을 수밖에 없었습니다. 하지만 저는 우리의 미래는 달라질 수 있다는 희망과 긍정, 그리고 용기를 드리고 싶습니다.

저는 토요일 이른 아침에 조조영화를 자주 보는데, 해피앤딩 영화를 즐겨 봅니다.
이 책에서도 읽고 나서 '나와는 다르구나'라는 어색함이나 좌절, 우울함이 아니라 기쁨과 긍정, 그리고 상황을 좋게 해석할 수 있는 기운을 전해드리고 싶었습니다. 『월급쟁이 부자들』을 읽는 독자분들과 우리 사회의 많은 분들이 즐거움과 기쁨, 그리고 희망과 용기를 얻어갈 수 있었으면 하는 바람으로 글을 마칩니다.

"벌어진 일은 받아들이고, 벌어질 일은 긍정으로 기대합니다."

이명로(상승미소) 드림